新典社選書109

# なぜ神楽は応仁の乱を乗り越えられたのか

中本 真人 著

新典社

# 目次

はじめに　7

I　内侍所御神楽を守った三人の公卿

禁闕の変　13
伏見宮家の避難　15
綾小路有俊　18
甘露寺親長　22
四辻季春　24

II　応仁の乱と内侍所遷座

後土御門天皇と三種の神器の室町殿遷幸　31
全面的に中断した朝儀　33
劣悪な環境だった東軍　36
南朝末裔の上洛　39

疫病の蔓延　45
譲位を訴える後土御門天皇　47
室町殿における内侍所の新造　52
御神楽に向けた動き　53
内侍所御神楽の催行　55

## Ⅲ　中世の内侍所御神楽

『建武年中行事』に記された内侍所御神楽　59
天皇の御所作も行われた内侍所御神楽　62
南北朝の動乱と内侍所御神楽　64
神鏡不在の内侍所御神楽　70
室町幕府に全面的に依存した北朝の朝儀　73

## Ⅳ　没落する公家、活躍する公家

没落する名門公家　79
洞院家の衰退と断絶　81
王朝時代より郢曲を伝えた松木家　85

楊梅家・平松家の断絶　86
綾小路邸の火災と文書・楽器の焼失　88
綾小路有俊の権威　92
綾小路俊量の憂鬱　94
綾小路家の断絶　100
四辻季春の活躍　102
四辻一族の御神楽所作　106
鷲尾隆康の内侍所御神楽所作　108

## V　内侍所臨時・恒例御神楽の再興

文明五年正月の内侍所御神楽をめぐる動き　117
文明五年十二月の内侍所御神楽をめぐる動き　120
文明六年正月の催行に向けた動き　122
内侍所臨時・恒例御神楽の催行　125
三条西実隆のみた内侍所御神楽再興　130
賢所の神事最優先の理念　133
伏見宮家の精神　136

後土御門天皇の音楽活動　139

## Ⅵ　乱世を乗り越えゆく内侍所御神楽

応仁の乱後の内侍所御神楽　147
途絶えた幕府の献金　150
天皇と禁裏小番　154
禁裏小番と内侍所御神楽の所作人　156
内侍所を警固した禁裏小番　160
内侍所信仰の変化　162
甘露寺元長にみられる公家の変化　164
御神楽に参入した持明院家　167
御神楽の裾野を広げた綾小路家　170

主要参考文献　173
あとがき　179

# はじめに

応仁の乱は、応仁元年（一四六七）から文明九年（一四七七）まで続いた戦乱です。この長期に及ぶ戦争が、社会全体に深刻な影響を及ぼしたことは広く知られる通りです。

この乱によって、室町幕府だけでなく、朝廷も大混乱に陥りました。後花園院《ごはなぞのいん》と後土御門《ごつちみかど》天皇は、足利義政の御所である室町殿に避難し、留守になった仙洞《せんとう》御所と土御門東洞院《つちみかどひがしのとういん》内裏は西軍に占領されてしまいます。さらに戦火によって公家の邸宅や寺院の塔頭は灰燼に帰し、関白であった一条兼良《かねよし》をはじめとする公家たちは京から地方へ疎開しました。その結果、朝廷の儀礼（朝儀《ちょうぎ》）は全く行われない状態となってしまいました。

その中にあって、いち早く再興されたのが内侍所御神楽《ないしどころのみかぐら》でした。まだ天皇が将軍の御所に滞在していた文明四年（一四七二）二月、内侍所遷座《せんざ》にともなう御神楽が行われました。さらに恒例行事であった内侍所臨時・恒例御神楽も、文明六年（一四七四）正月に再開されています。比較的早く再興された四方拝《しほうはい》でも文明七年（一四七五）正月ですし、三節会《さんせちえ》（元日節会、白《あお》馬《うま》節会、踏歌《とうか》節会）が揃って行われたのは文明十四年（一四八二）でしたので、内侍所御神楽再興の早さは際立っています。いずれにしても、内侍所御神楽再興の事情を詳細に明らかにすることが、応仁の乱の時期、さらには戦国時代の朝廷の活動の解明につながることは、間違いありません。

すべての朝儀が停止する中で、なぜ内侍所御神楽が真っ先に再開されたのでしょうか。これまでの研究をみても、その理由ははっきりとしません。例えば「ほかの行事に比べて費用が低く抑えられたから」という説がありますが、当時の史料を読む限りでは内侍所御神楽の経費は決して安くありません。実際、その経費の問題で、恒例行事の再開も頓挫していますし、さらに戦国時代を通してずっと苦しんだのも費用不足でした。なぜ御神楽の経費が膨らんだのかは、本書の中でみていくことにしましょう。

また「朝廷にとって特に重要な行事であったから」という指摘もあります。確かにその通りなのですが、重要だから再開したでは答えになっていません。肝心なのは、再開しなければならないほど重要であった理由でしょう。また、朝廷にとって最も重要な行事のひとつであった新嘗祭《しんじょうさい》、さらに天皇一代一度の大嘗会《だいじょうえ》は、応仁の乱を境に近世まで長く中絶しています。たとえ重要な行事であったとしても、催行の条件が揃わなければ実現できません。

内侍所御神楽が応仁の乱を乗り越えられた理由は、ひとつではなく、いくつかの理由が重なった結果と考えています。またその背景も、乱中だけでなく、その前後にも目を向けなければ明らかになりません。呉座勇一『応仁の乱　戦国時代を生んだ大乱』（中公新書、平成二十八年）は、多くの読者を獲得するとともに、この乱の全体像を明らかにした好著でした。特に同書は、乱の最中だけでなく、その前後も論じたところに特色があります。本書もその視座に多くの示唆を受けつつ、同時に応仁の乱について、どこまでも朝廷を中心にみていきます。特に綾小路《あやのこうじ》有俊《ありとし》、甘露寺《かんろじ》親長《ちかなが》、四辻《よつつじ》季春《すえはる》という三人の公家を主人公に据えて、その子孫の活動にも焦点を当てたいと思います。

なお、今日の歴史学では「応仁・文明の乱」と呼ばれることが一般的ですが、本書ではまだ広く馴染みのある「応仁の乱」に統一しました。

また本書では、内侍所御神楽それ自体について、詳しく説明することはしませんでした。御神楽について詳しく知りたい方は、中本真人『宮廷の御神楽―王朝びとの芸能―』（新典社新書、平成二十八年）をお読みください。

本書の執筆にあたっては、多くの先学の学恩を受けました。選書という体裁のため、読みやすさを優先し、本文中には参考文献を示しませんでした。主要参考文献は巻末にまとめて掲げましたのでご参照ください。また引用の資料は、すべて中本が現代語訳したものであることを予めお断りしておきます。

# I　内侍所御神楽を守った三人の公卿

## 禁闕の変

嘉吉元年（一四四一）六月二十四日、六代将軍足利義教が赤松満祐に暗殺された嘉吉の乱が起こります。さらに、後継将軍の七代義勝も同三年（一四四三）に早世したため、同母弟の三《み》春《はる》（のちの八代将軍義政）が後継者となりました。

将軍の暗殺と幼少の後継者で、かつてないほど幕府が動揺する中にあって、嘉吉三年九月二十三日、禁闕《きんけつ》の変と呼ばれる政変が発生します。この事件について、時の後花園天皇の実父である伏見宮貞成《ふしみのみやさだふさ》親王は、自身の日記に次のように記しています。

賊徒は内裏の清涼殿《せいりょうでん》に乱入して、まず三種の神器の宝剣と神璽《しんじ》（勾玉）を奪い取った。「すでに剣《つるぎ》と神璽は奪い取ったぞ、宮殿に放火しろ」と指示があって、宮殿を放火していく。後花園天皇は議定所《ぎじょうしょ》へお逃げになられて、殿上《てんじょう》の後方へお出でになった。甘露寺親《かんろじちか》長《なが》と四辻季春《よつつじすえはる》が太刀を抜いて、賊徒を追い払って、天皇を逃がし申し上げた。天皇は冠を脱いで女房の姿になって、唐門《からもん》からお逃げになった。天皇のお供には季春が独りで従い、親長は賊徒に押し隔てられて行方知れずになってしまった。天皇は正親町持季《おおぎまちもちすえ》の家へお入りになり、そこから広橋兼郷《ひろはしかねさと》の家へお渡りになった。そこからは密かに御輿で近衛房嗣邸へお移りになったそうである。隠密行動であったので、公家は誰も参上しなかった。神鏡が天皇のもとに移動してから事情が明らかになり、女中たちもあちこちから参上したという。

（『看聞日記《かんもんにっき》』嘉吉三年九月二十四日条）

この事件の首謀者は、南朝の末裔（金蔵主《こんぞうず》・通蔵主《つうぞうず》）を擁立した勢力（後南朝《ごなんちょう》）と、日野有光《ありみつ》・資親《すけちか》父子らでした。南朝は、南北朝の合一によって消滅しましたが、その血を引く子孫は多く存在しました。のちに後南朝一党は応仁の乱でも、南朝の復興を目指して立ち上がるのですが、禁闕の変でも朝廷や幕府に対する批判勢力の象徴として担ぎ出されています。また日野有光は、娘が称光天皇の典侍《てんじ》で、もし娘が天皇との間に男子を生んでいれば外戚となる立場でした。しかし、後光厳天皇から続く皇統は称光天皇で断絶したため、崇光天皇の皇統である貞成親王の子の彦仁王《ひこひと》が、後小松院の猶子《ゆうし》となって後花園天皇として践祚《せんそ》しました。さらに後小松院崩御後は、貞成親王が存在感を高め、天皇に対して太上天皇《だじょう》尊号を求めるようになっていました（貞成親王に対する尊号は、後小松院が遺詔で禁じていました）。このような親王の動きに、後光厳流を支持する有光が反発したのではないかと考えられています。

この政変によって、応永年間に義満が建造した内裏が焼亡し、三種の神器のうち宝剣と神璽が奪われてしまいますが（宝剣はすぐに奪還）、クーデター自体はすぐに鎮圧されました。一時は後花園天皇の身にも危険が及びましたが、甘露寺親長、四辻季春の勇敢な行動によって、間一髪で難を逃れられたのです。

## 伏見宮家の避難

禁闕の変は、後花園天皇の実家である伏見宮家の人々も、不安と恐怖に陥れました。二十三日の夜、天皇実父の貞成親王は、側近の綾小路《あやのこうじ》有俊《ありとし》の報告で、内裏の炎上に気づきました。天皇の安否も判らず、右往左往する伏見宮家の人々に対して、有俊は宮家の人々も邸を脱出するように進言しました。

有俊が、全員よそへお出ましになるようにと進言したので、私は輿《こし》に乗って東門から脱出する。貞常《さだつね》王（後花園天皇同母弟、貞成親王次男）は女房の姿になって歩いて行く。成仁《ふさひと》王

（後花園天皇皇子、のちの後土御門天皇）は、二条（庭田重有《しげあり》娘）が抱き申し上げ、観心《かんしん》女王（芳苑恵春《ほうえんけいしゅん》、後花園天皇皇女、成仁王の同母姉）、雲岳聖朝《うんがくせいちょう》（貞成親王娘、後花園天皇・貞常王の同母妹）の尼二人、庭田経子《つねこ》（貞成親王妻、後花園天皇・貞常王・雲岳聖朝母）、女中たちは走って脱出した。従者の男たちがお供をして、慈光寺持経《じこうじもちつね》の邸に行った。（中略）そんなところに、内侍所の神鏡がお越しになったと報告があったので、ますます仰天した。（事件発生当時、神鏡は）女官がみずから取り出し申し上げた。三条実雅《さねまさ》に仕える三井中務《なかつかさ》という青侍《あおざむらい》が担ぎ出してきたと、女官は申した。庭上に安置申し上げたので、恐れ多いことから、高御座《たかみくら》をしつらえて安置申し上げた。私は庭の上に降りて、拝礼した。衣冠姿の冷泉永基《ながもと》が参上して、天皇の行方が判らないということを申した。暗澹たる思いしかない。この邸も危険だというので、貞常王・成仁王（二条と乳母を同行させた）は、島田定直《さだなお》の邸にお移りになる。西大路隆富《たかとみ》・慈光寺持経たちをお供につけた。隠密行動である。

（『看聞日記』嘉吉三年九月二十三日条）

この晩の時点では、誰がどのような目的で内裏を襲ったのかが判りませんので、伏見宮邸も襲撃される可能性がありました。将軍義教が暗殺されてからまだ二年しか経っていない時期ですから、何が起こっても不思議ではありませんでした。

　このとき有俊は、冷静に親王一家の避難を進言して、無事に邸を脱出させました。当時の伏見宮邸には、貞成親王と次男の貞常王だけでなく、天皇唯一の男子である成仁王も暮らしていました。天皇の身に万一のことがあった場合は、皇位を継ぐべき存在ですから、確実に命を守る必要があったのです。

　禁闕の変では、内裏が炎上し、宝剣・神璽が奪われた一方で、神鏡のみが無事でした。その神鏡が貞成親王のもとにもたらされると、親王は庭に降りて拝礼しました。神鏡は、天皇家の先祖神である天照大御神の神体です。また三種の神器の中では、唯一信仰の対象でもありました。親王は、賊徒に襲われた鏡の神霊を慰めるとともに、天皇の無事を祈願したのでしょう。やがて天皇の無事が確認されると、貞成親王たちも宮邸に戻りまし

図１　後崇光太上天皇伏見松林院陵（中本撮影）

た。

このように禁闕の変では、綾小路有俊、甘露寺親長、四辻季春という三人の青年公家が大活躍しました。有俊は応永二十六年（一四一九）生まれ、親長と季春は応永三十一年（一四二四）生まれの同い年で、禁闕の変のときはまだ二十歳にもならない若者でした。のちに公卿になるこの三人は、応仁の乱によって中断した内侍所御神楽の再興にあたっても、それぞれ大きな役割を果たすことになります。さらにその子や孫も、戦国時代の内侍所御神楽を守っていくのです。

そこで次に、有俊、親長、季春の三人について、簡単に紹介しておきましょう。

## 綾小路有俊

**綾小路家略系図**（実線は実子、二重線は養子）

宇多天皇─敦実親王……有資＝経資……（庭田家）
　　　　　　　　　　　　　└信有─有頼─敦有─信俊＝有俊─俊量─資能

綾小路家は、宇多天皇の皇子敦実《あつみ》親王を祖とする宇多源氏です。鎌倉時代の経資《つねすけ》の子孫は庭田家を称し、その弟の信有の子孫が綾小路家を称しました。元亨四年（一三二四）に信有が亡くなったとき、花園院は、次のようにその死を惜しみました。

源信有《みなもとののぶあり》が、去る十日に亡くなったという。代々の家業を受け継ぎ、歌曲をもって朝廷に仕えた。伏見院の旧臣ではひとりだけ残っていたが、このたび帰らぬ人となった。憐れむべきである。

（『花園天皇御記』元亨四年九月十三日条）

すでに鎌倉時代末期には、宇多源氏のこの一族は、特に郢曲《えいきょく》（神楽歌、催馬楽《さいばら》、朗詠、今様などのうたいもの）と音楽を家業としていました。王朝時代の公卿の家は、父祖と同じ官職につくことが第一で、家の芸を継承するような意識はまだ低かったようです。特に、郢曲などは下級官人の職掌と考えられていました。それが鎌倉時代後期になると、公卿の家でも芸能を家業とする意識が高まってきます。その中で綾小路家は、郢曲の家とみなされるようになりました。

そもそも綾小路家の家格は「羽林家《うりんけ》」と呼ばれます。羽林家は、近衛《このえ》中将・少将を経て、大納言か中納言に至る家柄のことです。そのため、近衛府の職務である音楽を伝える家が多いのが特徴でした。また山科《やましな》家のように、装束を掌る家も羽林家に含まれます。朝廷の儀礼（朝儀《ちょうぎ》）には、文芸や芸能をもって奉仕する機会が少なくありません。それらを家業とする公家たちは、父祖から受け継いだ芸だけでなく、朝儀におけるポジションの維持にも必死になりました。

南北朝期以降は、敦有《あつあり》、信俊《のぶとし》父子が内侍所《ないしどころ》御神楽《みかぐら》の拍子を勤めています。また綾小路家は、同族の庭田家とともに持明院統嫡流の崇光《すこう》天皇の近臣でした。しかし、崇光院が南朝に拉致され、室町幕府が弟の後光厳《ごこうごん》天皇を立てると、以後は後光厳皇統の天皇が続きます。京に戻った崇光院は伏見に隠棲し、その子孫（伏見宮家）は後光厳皇統の天皇と幕府の圧迫を受けて不遇でした。主君の不遇は、近臣の綾小路家の不遇でもありました。特に信俊は、足利義満や後小松院の勘気をこうむって、しばしば朝儀の出仕を停められています。信俊のころから綾小路家は、ひどく窮困していたようでした。嫡子を相次いで亡くした信俊に、山科家から養子に入ったのが有俊だったのです。

永享元年（一四二九）信俊が没すと、翌二年（一四三〇）より有俊は、内裏と伏見宮貞成親王に出仕しています。さっそくこの年の内侍所臨時御神楽では末拍子《すえびょうし》、恒例御神楽では本拍子に選ばれています。御神楽の直前には、洞院満季《とういんみつすえ》邸において御神楽習礼《しゅらい》に臨んでいます（『薩戒記』永享二年十二月七日条）。幼くして養父を亡くした有俊に御神楽を伝授したのは、信俊から習得した満季でした（『神楽血脈』）。有俊の内侍所御神楽の初参仕にあたって、その直前に習礼を行ったのも満季でした。

永享元年、貞成親王の子の後花園天皇が践祚し、それまで不遇の続いた伏見宮家の立場は好転していきます。同二年十一月二十日に行われた清暑堂《せいしょどう》御神楽では、有俊が拍子をとっています。早くより音楽的才能を開花させた有俊について、貞成親王は次のように述べています。

綾小路有俊が拍子をとった。付歌《つけうた》の経験もないまま、十五歳の若さで、ひとりで所作した。家業の郢曲ではあるけれども、これも音楽の道の恩恵であろう。（『椿葉記《ちんようき》』）

以後、有俊は内侍所御神楽の本拍子《もとびょうし》を長く勤めます。また家業の郢曲だけでなく、さまざまな楽器を習得して、広く宮廷音楽の第一人者として重きをなしました。また天皇の実家である伏見宮家の近臣として、特に貞成親王から全幅の信頼を寄せられていました。親王は、実子の後花園天皇に対して、有俊をはじめとする伏見宮家の旧臣を重用するようにと書き送っています。

また崇光院以来、伏見宮御所にお仕えする人々で、まず側近について申し上げます。（中略）もうひとつの家は、昔から音曲の家で、最近は綾小路信俊が、崇光院の御代からお仕えして、奉公に労のある人です。その子の有俊は、家業の郢曲を継承して、たびたび宮中の宴で所作しました。みな君に仕えるべき者です。（『椿葉記』）

応仁二年（一四六八）、有俊は、応仁の乱の中で出家しました（『公卿補任』）。当主の座は、子の俊量《としかず》に譲ったものの、僧侶としての有俊の行動は非常に活発で、他家に対する伝授にも積極的でした。その背景については改めて取り上げたいと思います。

## 甘露寺親長

**甘露寺家略系図**

冬嗣―良門―高藤……隆長―藤長―兼長―房長―親長―元長―伊長＝経元……

甘露寺家は、醍醐天皇の外祖父である藤原高藤を祖とする勧修寺《かじゅうじ》流の嫡流です。「名家《めいか》」と呼ばれる中流貴族で、代々朝廷の実務を担う弁官《べんかん》（左右大弁《さうだいべん》、左右中弁《ちゅうべん》、左右少弁《しょうべん》）を出しました。また室町時代の弁官は、必ず職事《しきじ》（蔵人《くろうど》）、蔵人頭《くろうどのとう》を兼務し、朝廷の文書の発給業務を担当しています。さらに、天皇の側近として、日常の政務を支えました。そのため、朝廷の故実や先例に通じる必要があり、その家からは優れた日記が出ています。親長の『親長卿記』や、子の元長の『元長卿記』は、その代表的なものといえます。

甘露寺親長は、房長《ふさなが》の子として応永三十一年（一四二四）に生まれました。文安元年（一四四四）に右少弁に任じられてからは、一貫して実務畑を歩みます。有俊との違いは、基本的に芸能の所作で朝儀に奉仕する機会のないことです。賀茂伝奏《てんそう》、大嘗会《だいじょうえ》伝奏、土御門東洞院内裏への還幸《かんこう》伝奏など多くの儀式伝奏を務め、裏方として膨大な事務作業をこなしました。また、文明六年（一四七四）の内侍所御神楽の再開でも、子の元長とともに大きな役割を果たしまし

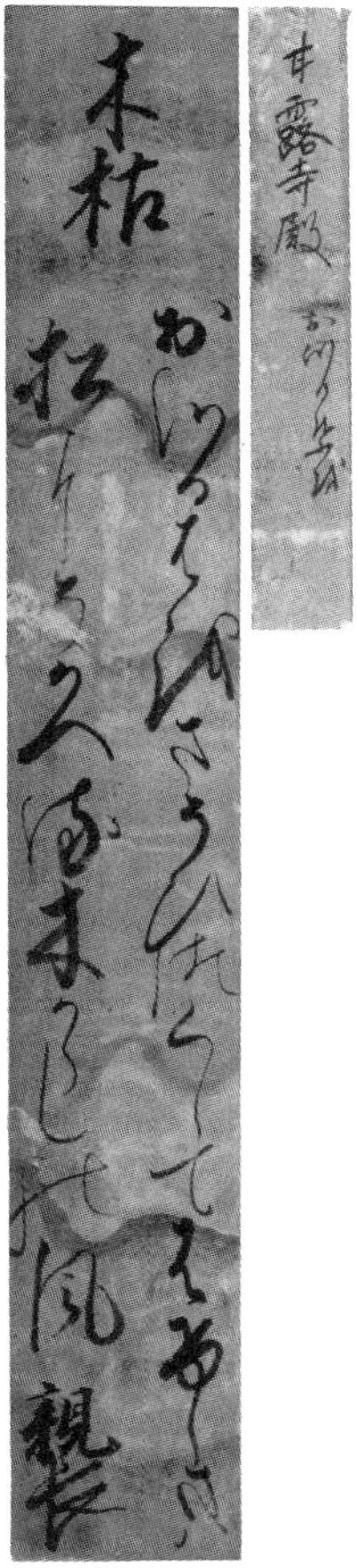
図２　甘露寺親長
和歌短冊（中本架蔵）

た。一方、当時の朝儀は、すべて幕府の財政的支援を受けて執行されていましたので、彼らは武家と公家の板挟みになることも珍しくありませんでした。

室町中期の朝廷は、慢性的な人材不足に苦しんでいました。そのため業務は、どうしても一部の公家に負担が偏りました。特に親長のような有能な実務家には、絶えず朝廷の業務が降ってきたのです。その結果、親長は朝儀の隅々まで精通するようになり、先例故実に通じた公卿として尊敬を集めるようになります。親長の実務派の精神は、子の元長、孫の伊長《これなが》だけでなく、後見した甥（姉の子）の三条西実隆《さんじょうにしさねたか》、娘婿の中御門宣胤《なかみかどのぶたね》らにも受け継がれました。彼らは、戦国時代の内侍所御神楽において大活躍することになります。

## 四辻季春

**四辻家略系図**

公季…公経─┬─実氏…（西園寺家）
　　　　　├─実雄…（正親町家、洞院家）
　　　　　└─実藤…季顕─┬─実茂─季俊─実仲＝公音─季遠─公遠……
　　　　　　　　　　　　└─

季保＝季春―季経―公音（実仲養子）
　　　　　　　　―隆康（鷲尾家養子）
　　　　　　　　―範久（高倉家養子）

四辻家は、鎌倉時代に権勢をふるった西園寺家の庶流で、同族に洞院家があります。家格は、綾小路家と同じく羽林家で、近衛中少将から権大納言に至ります。もともとは室町家と称していましたが、室町時代に入ると、将軍家を憚って四辻家と称しました。本書では、時代を問わず四辻家に統一します。

もともと四辻家は、楽器の中でも特に箏《こと》を専門としていました。庶流の季保《すえやす》は、箏の名手として知られていたようであり、嘉吉二年（一四四二）六月八日、後花園天皇に対して箏の「蘇《そ》合香《こうこう》」を伝授しています（『管見記』嘉吉二年六月十四日条）。さらに弟の貞常親王に対しても、文安二年（一四四五）八月二十五日に「蘇合香」を、また同五年（一四四八）十二月二十一日には「万秋楽《まんじゅうらく》」を伝授しています。

季保の養子であった季春は、永享十年（一四三八）十二月一日に、侍従《じじゅう》に任じられました。季春も家業として箏を習得した上で、ほかの楽器にも高い技量を示すようになります。その音

図３　四辻季春
和歌短冊（中本架蔵）

楽的才能に早くから注目したのが、伏見宮貞成親王でした。

季春が伏見宮邸に参上した。貞常王が箏を演奏して、音楽が行われた。有俊が傍に仕えて、私は表に出なかった。季春の笛を初めて聴いた。才能がある。

（『看聞日記』嘉吉三年九月七日条）

嘉吉三年（一四四三）、貞成親王は季春の演奏を初めて聴き、その才を認めました。その半月後に禁闕の変が発生し、季春も勇敢な行動で後花園天皇を守ったのは、すでに書いた通りです。内裏が炎上したにもかかわらず、守護大名や公家たちは、すぐに駆け付けてきませんでした。貞成親王は、季春に対して「手柄も忠節も、感に堪えないものである」（『看聞日記』嘉吉三年九月二十三日条）と、最大の賛辞を送っています。

文明七年（一四七五）、季春は勝仁《かつひと》親王（のちの後柏原天皇）の箏の師範を務めました。

> 今日は、勝仁親王の御箏始《おんことはじめ》があった。師範は四辻季春（衣冠姿）である。親王の在所でこのことが行われた（「萬歳楽《まんざいらく》」「三手《さんじゅ》」という）。ことが終わって、お祝いを申し上げた。後土御門天皇の御前で一献があった。箏の道のことは、代々洞院家がお預かり申していたようだ。しかし今日《こんにち》この一族は断絶同然となっている。そのため季春が師範となったようだ。
>
> （『親長卿記』文明七年四月二十日条）

天皇やその皇子の楽器の師は、先例に基づいて家柄で選ばれるのが通例でした。箏の師範は、清華家《せいがけ》（摂関家の下で、大臣家より上の家格）の洞院《とういん》家が長く務めていました。文安二年（一四四五）十二月十二日には、洞院実熙《さねひろ》が後花園天皇に箏の「皇帝《おうだい》」と「団乱旋《とらでん》」を伝授しています（『師郷記』同日条）。しかし、この時期の洞院家は、当主の公数《きんかず》が公家社会から離れており、とても師範を出せる状態にありませんでした。そのため、季保の先例に従って季春が選ばれたのです。

ところで、四辻家は箏、和琴の家ではあっても、綾小路家のような郢曲の家ではありませんでした。また甘露寺家のような職事弁官の家でもありませんでした。それにもかかわらず、なぜ季春は内侍所御神楽に参仕《さんし》するようになったのでしょうか。その理由は、Ⅳで詳しく考えたいと思います。

# II　応仁の乱と内侍所遷座

## 後土御門天皇と三種の神器の室町殿遷幸

応仁元年（一四六七）五月、細川勝元が室町殿を占拠して東軍を、山名宗全（持豊）が西軍を構成して、大規模な戦闘状態に入りました。応仁の乱の勃発です。

戦火が都一円に拡大すると、後花園院と後土御門天皇は、それぞれの御所から足利義政の室町殿に避難しました（『宗賢《むねかた》卿記』八月二十三日条など）。この避難は、東軍の細川勝元の主導で進められました。勝元は室町殿に拠って将軍を擁し、さらに院と天皇を迎えることによって、正規軍の体裁を整えようとしたのです。

この後土御門天皇の避難では、三種の神器も一緒に移されました（『大乗院日記目録』同日条）。前章でみたように、嘉吉三年（一四四三）九月二十三日、後南朝一党が内裏を襲撃した禁闕の変が起こっています。この政変によって応永期の内裏が焼亡し、賊徒に宝剣と神璽を奪取されました。ほどなく宝剣は回収されたものの（同月二十八日）、神璽は長禄二年（一四五八）八月三十日に帰洛するまで、約十五年間も不在でした。応仁の乱は、わずかその十年足らずで起こりましたので、神器不在の状況もまだ記憶に新しかったはずです。勝元は、天皇の身体だけでなく、三種の神器を確保することの重要性もよく認識していたのでした。

　応仁の乱は、序盤は東軍優位で展開したものの、応仁元年八月に入って周防より大内政弘が上洛すると、一気に西軍優位になります。そして九月十三日には、西軍が室町殿と細川邸に総攻撃をかけました。舟橋宗賢という公家の日記には、この戦闘による被害が記されています。

図４　応仁の乱西陣跡の石碑（中本撮影）

今夜、敵方の山名宗全らが室町殿に押し寄せた。相国寺の惣門および伏見宮貞常親王、烏丸資任《からすまるすけとう》、正親町持季《おおぎまちもちすえ》、四条隆夏、甘露寺親長、綾小路有俊、中原康顕《やすあき》、浄花院、飯尾肥前守、同大和守の邸宅など、内裏と仙洞《せんとう》御所の周辺の大路が焼亡した。ただし、両御所に被害は及ばなかった。しかしながら敵方の畠山義就《よしなり》の軍が両御所を占領して陣を張った

という。（『宗賢卿記』九月十三日条）

この戦火によって、伏見宮貞常親王邸などと一緒に、甘露寺親長と綾小路有俊の邸宅も焼失しました。公家の邸宅には、代々の文書や記録類、綾小路家のような楽家では楽譜や楽器も伝えられましたが、それらも一緒に焼けてしまったのです。

西軍の畠山義就は内裏と後花園院の仙洞御所を占拠して、陣を構えました。充分な広さのある御所は、兵の駐留地に格好の場所だったのでしょう。しかし敵方に御所を占領されたことで、室町殿に避難する院と天皇は、帰るべき場所を失ってしまいました。

## 全面的に中断した朝儀

年が明けて、応仁二年（一四六八）の正月を迎えました。関白太政大臣を務めた近衛政家の日記には、当時の朝廷の状況が次のように記されています。

後土御門天皇と後花園法皇は、去年の八月から室町殿にいらっしゃるので、年始の朝廷の行事などは実施されなかった。内裏には土岐成頼《ときしげより》が陣を張り、仙洞御所には畠山義就が陣を張っているという。これは去年九月より現在に至るまで、このような状況なのだそうである。

（『後法興院政家記《ごほうこういんまさいえき》』応仁二年正月一日条）

西軍の土岐成頼が内裏に、畠山義就が仙洞御所に陣を置き、天皇・院が室町殿に居住したため、正月一日の四方拝《しほうはい》をはじめとする朝儀《ちょうぎ》（朝廷の儀式）はすべて停止されました。そもそも朝儀は、内裏で行われることを前提としています。その内裏が西軍に占拠され、天皇が避難生活を続けたことによって、内裏で行われるべき朝儀が執行不能に陥ったのでした。

さらに朝儀が執行できない大きな理由がもうひとつありました。

後土御門天皇と後花園法皇、及び三種の神器は、去年から室町殿にいらっしゃるので、節会をはじめとするすべての朝廷の行事がなかった。関白（一条兼良《かねよし》）をはじめとする公卿たちは、方々の国々に隠棲してしまった。

（『大乗院《だいじょういん》日記目録』応仁二年正月一日条）

朝廷の行事は、主宰する天皇だけでなく、実務や所作を担当する公家の参仕がなければ実施できません。しかし、京で大規模な戦闘が起こったために、多くの公家たちは京から難を逃れて疎開していました。応仁二年八月には、関白の一条兼良が子の尋尊《じんそん》を頼って奈良に疎開しています。天皇を補佐すべき関白ですらこのような有様でしたので、中・下級公家や官人たちはいうに及びません。

有力公家が疎開を続ける状況は、文明三年（一四七一）に入っても変わらず、その有様は「まるで田舎の民のようである。現在のような状況は、元弘以来の吉野（南朝）の天皇方に参上してお仕えした者と同じであろうか」（『大乗院寺社雑事記』文明三年正月一日条）と記されています。公家たちの地方の流離について、特に南朝の公家を引き合いに出していることは注意されます。この時代の人々にとって、南朝は過去の歴史ではなかったのです。

すでに述べたように、三種の神器も室町殿に安置されました。このため神鏡に対する祭祀である内侍所御神楽も、内裏で行うことができず、ほかの朝儀とともに中断してしまいました。さらに実務や所作を担当する公家たちも四散していましたので、御神楽の召人《めしうど》を整えることもできなくなりました。そのため内侍所御神楽は、数年間にわたって執行できない状態が続きました。

## 劣悪な環境だった東軍

応仁の乱は、十一年間にも及ぶ非常に長い戦争でした。この戦争によって、京の街は全体が焦土と化したと考えられがちです。もちろん戦火で寺社や公家の邸宅の多くが焼亡したのは事実ですが、十一年間焼け野原の中で、東軍と西軍が戦い続けたわけではありません。実は、市街戦が激しかったのは応仁二年の前半までで、以降は京の周辺地域に主戦場が移っていました。

では、乱中の京は、どのような状態だったのでしょうか。端的に述べると、東軍も西軍も本拠地を中心に土塁と堀を築いてにらみ合う状態が続きました。すでに述べたように、後土御門

（上杉本洛中洛外図屏風）（米沢市上杉博物館蔵）

天皇と後花園院は室町殿に避難していましたので、朝廷と幕府は室町殿に集約されていました。東軍の場合は、室町殿を中核として、公家・武家の屋敷や庶民の住居も含むエリアが要塞化されました。当時の史料では、その東軍の要塞を「御構《おんかまえ》」などと呼んでいます。応仁の乱が長期化した理由のひとつは、双方が構を築いて短期戦での決着を難しくしたことがありました。

次に、東軍の御構の生活をみておきたいと思います。天皇と院、将軍がついた東軍には、多くの公家と武家が御構の内側に暮らしました。その従者や町人も含めると、人口密度はかなり高かったようです。戦火によって家を失った者や、避難してきた者も少なくなく、仮設の陣屋や小屋が濫立しました。甘露寺親長も御構の陣屋で生活しています。

一方、東軍の御構の外側は、圧倒的な軍事力を誇った西軍に制圧されていました。

図5　室町殿

細川勝元の陣は、北東の一ヶ所だけは封鎖されていない。それ以外はことごとく山名宗全・大内政弘以下に包囲されているという。そのため九条から蔵人が参上したときは、三日間かけて比叡山へ回って鞍馬口へ出て、城（御構）に入ったという。（中略）成身院光宣《じょうしんいんこうせん》は五日間かけて城に入ったそうだ。

（『経覚私要鈔《きょうがくしようしょう》』応仁二年正月条）

御構の生活維持のためには、外部からの物資の輸送が不可欠でしたが、西軍が占領した下京との連絡は遮断されていたのです。ただし比叡山延暦寺が東軍についたおかげで、北からの通路のみが確保されていました。この補給路が絶たれてしまえば、東軍は長く持たなかったに違いありません。応仁二年の後半から主戦場が郊外に移ったのは、補給路の争奪戦に変わったからでした。

このようにみると、応仁の乱の時期の朝廷と幕府は、京の限られたエリアに、コンパクトに収まっていたことになります。幕府の統治は、御構の外界には及びませんので、徴税権も御構の内側に限られました。ただでさえ軍費に多額の費用がかかる上に、収入の道が絶たれてしまうと、とても政権運営はできません。長く朝儀が停止した背景には、経済的困窮もあったのです。

狭い空間に多くの人口を抱え込んだ御構の生活は劣悪でした。天皇や院、将軍らも不自由な生活を強いられたものの、一定の生活水準は維持しており、食べるもの、着るものに困るようなことはなかったようです。しかし、多くの公家や町人は、食料事情も悪く、また疫病にも苦しみました。それでも、天皇に仕える公家たちは、御構の限られたエリアの中で暮らす外なく、西軍の制圧下にあった下京に出るためには、何日もかけて遠回りしなければならなかったのです。

## 南朝末裔の上洛

北朝と南朝に分裂していた皇統は、明徳三年（一三九二）南朝の後亀山天皇が三種の神器を北朝の後小松天皇に譲ることによって統一されました。その後は北朝の皇統が皇位継承していきましたが、実は南朝が消滅したわけではありませんでした。亀山天皇の皇子の恒明親王を祖とする常盤井宮や、後二条天皇の皇子の邦良親王に始まる木寺宮など、大覚寺統の宮家が室町時代中期にも存在しました。また後醍醐天皇、後村上天皇に始まる南朝の末裔と称する者は跡を絶たず、しばしば朝廷や幕府を脅かし続けました。前章に紹介した禁闕の変もそのひとつです。

南朝復興の動きは、応仁の乱の中でも起こりました。朝廷（後土御門天皇）と幕府（足利義政）を擁する東軍に対して、西軍は足利義視（義政の弟）を将軍に立てて、幕府の体裁を整えようとしていました。いわゆる西幕府と呼ばれる政権です。さらに西幕府が手を結ぼうとしたのが、南朝の天皇の子孫と称する勢力（後南朝）でした。

軍事的に優位に立つ西軍は、なぜここに来て後南朝と結ぼうとしたのでしょうか。南朝の勢力といっても、軍事力としては、ほとんど実態はなかったでしょう。彼らが求めたのは、天皇に据えられる人物でした。応仁元年十月三日、後花園院から宗全に対する「治罰《ちばつ》の院宣」が出され、西軍は朝敵と規定されていました。この文書を発給したのは、甘露寺親長です。これに対し西軍は、みずからの軍に正当性を持たせるために、南朝末裔を天皇、足利義視を将軍に立てることで、朝廷―幕府の形式を整えようとしたのです。

応仁の乱勃発から二年後の文明元年（一四六九）、西軍の計略によって、南朝の勢力が京に入るという話が、奈良まで伝わっています（『大乗院寺社雑事記』文明元年十月五日条）。南朝末裔は兄弟で、ひとりは吉野の奥から、もうひとりは熊野から上ろうとしており、独自の元号として「明応元年」を用いているというのです（『大乗院寺社雑事記』十一月二十一日条）。

さらに翌二年（一四七〇）になると、末裔の上洛がより具体的な話として伝わるようになってきています。尋尊の日記には、次のように記されています。

「南帝」のことは、内々に細かな計略がめぐらされているとか。聞こえてくる話によると、西軍の大名たちはことごとく心をひとつにしており（南帝を）内裏にお入れ申し上げようとしているという。仙洞御所と内裏の留守を務める公卿・殿上人たちも奉公するとのこと、内々に細かく申し合わせているとか。奇怪なことである。去年の南朝の蜂起以来、畠山義就ひとりが上洛に反対したので、これまで延期になっていたのだ。その理由は、紀州と河内の地は「南主」の領地である。楠木の分国なので、自分にとって迷惑なことだと考えたのか。そのため西軍の大名たちが一致しなかったので、これまで遅れていたのである。畠山側の問題は、内々に細かな計略があったのだろうか、ここにきて心をひとつにしたのだという。すでに内裏に入る準備もしているという。これが事実であれば、朝廷が滅亡する原因である。

（『大乗院寺社雑事記』文明二年五月十一日条）

いよいよ西軍は、南朝末裔を内裏に迎え入れる算段に入ったようです。実は、後土御門天皇は内裏から避難するにあたって、留守役の公卿と殿上人を置いていました。しかし彼らは西軍が内裏を占領すると、すぐに西軍についてしまいます。その中には、四辻家嫡流の実仲《さねなか》も含まれていました。この西軍に寝返った公卿たちも、南朝末裔が内裏に入った場合は、仕える意思を示していました。

西軍が南朝末裔を迎えることは、特に朝廷にとって、衝撃をもって受け止められたはずです。後土御門天皇にとっては、皇統や政権の正統性が失われかねない問題でした。事実、この日記を記した尋尊は、末裔の上洛について「朝廷が滅亡する原因である（公家滅亡之基也）」と記し、強い憂慮の念を示しました。

そもそも室町幕府にとっての朝廷は、北朝の皇統でした。しかし西軍の政権構想は、従来の朝廷—幕府を真っ向から否定する主張であり、室町時代の秩序を根底から覆すものでした。戦局も西軍優位であった上に、朝敵の汚名まで返上すれば、これまでの朝廷—幕府は求心力を失います。北朝から続く朝廷側の人々にとって、絶対に認めがたいことでした。その一方で、尋尊は、南朝末裔について「南帝」や「南主」と記していることも注目されます。これは南北朝時代の南朝の天皇に対して、北朝側が用いた呼称で、すでに当時の人々が末裔を「南朝の天皇」と認めていたことも判ります。

この文明二年のうちに、末裔は奈良の壺阪寺《つぼさかでら》に入り、京進出の機会をうかがいました（『大乗院寺社雑事記』六月二十五日条、七月二日条、七月十八日条など）。この年の十二月には、同じく南朝末裔と称する者の首が、京に届けられています（『親長卿記』十二月六日条、十二月八日条、十二月十八日条など）。朝廷も幕府も、御構の中で身動きが取れない中にあって、南朝末裔の上洛は時間の問題となってきました。

翌文明三年（一四七一）、ついに南朝末裔は上洛を果たしました。

> 都では、西軍が「新主上《しんしゅじょう》」を擁立申し上げたそうだ。年齢は十二、三歳（十八歳という話もあるが）で、これまでは越智《おち》の壺阪寺にいらっしゃったが、大和の古市《ふるいち》を通ってご上洛なさった（先月二十六日だという）。北野の松梅院《しょうばいいん》にお入りになったが、警護には不適当だということになったので、山名宗全の妹の尼寺である安山院《あんざんいん》に遷御なさった。後村上天皇の子孫だそうである。過日、女房の姿で御輿に乗って古市をお通りになったことは、はっきりしているという。
>
> （『大乗院寺社雑事記』文明三年閏八月九日条）

上洛後の末裔は、いったん松梅院（北野天満宮の社僧を出した寺）に入り、さらに宗全の妹のいる安山院に移って仮御所としたようです。また二条家に移り、そこから内裏に入ることになっていました（『経覚私要鈔』閏八月二十日条）。ただ西軍も全員が南朝後裔を支持したわけではなく、特に「将軍」の足利義視は擁立に反対し、拝謁も拒みました（『大乗院寺社雑事記』九月三日条）。

当時の記録をみても、末裔の正体ははっきりしません。その素性をめぐっては、さまざまな噂が飛び交っていたようで、どうも天皇として君臨したとは言い難いようです。しかし、南朝の血を引く者が在京して「新主上」を称したことは、現朝廷の正統性が否定されかねない状況に変わりありませんでした。確かに後土御門天皇は、三種の神器を保持していました。しかし実は、北朝の天皇は三代（後光厳、後円融、後小松）にわたって三種の神器を保持せず、また先代の後花園天皇も、禁闕の変のために長く神璽を奪われていました。神器がなくても皇位につけることを既成事実化したのは、実は北朝の朝廷だったのです。したがって、三種の神器だけを根拠に正統性を主張することには限界がありました。このように末裔の存在は、朝廷に大きなプレッシャーを与えたのです。

この南朝末裔は、その後も京に滞在したようですが、文明五年（一四七三）三月に山名宗全が死去し、東軍と西軍に講和の機運が高まると、西軍から追放されています。西幕府が末裔を擁立したのは、実はわずか二年足らずでした。しかしその間、京には（形式的にせよ）二人の天皇と二つの幕府が存在したのです。その間、後土御門天皇と公家たちは、みずからの正統性を脅かす存在と向き合い続けました。

皇位の正統性の主張には、西軍に勝利することが一番ですが、軍事力を持たない朝廷にはその力がありません。朝廷、特に天皇ができる唯一の方法は祈ることでした。東軍の勝利と和平の到来、民を戦乱の苦しみから解放するために、神に対する祈願の機会が強く求められたはずです。

## 疫病の蔓延

南朝末裔の上洛した文明三年（一四七一）は、天災も頻発しました。まず五月十四日には、都などで大地震が発生しました（『親長卿記』同日条）。さっそく朝廷も幕府も、上賀茂神社と下鴨神社に使者を派遣して、祈禱を行わせています（『親長卿記』五月十九日条）。さらに、伊勢神宮、大和七大寺にも祈禱が命じられました。応仁の乱は、すでに四年に及び、人々が戦乱に疲れ切っていたころに起こった大地震ですから、恐怖心を大きく掻き立てたはずです。しかし、この大地震は天災の始まりに過ぎませんでした。

夏から秋にかけては雨が降らず、旱魃が発生しました（『親長卿記』七月九日条）。このときも、やはり大和七大寺に対して雨乞いの祈願が命じられています（『経覚私要鈔』八月三日条）。旱魃は深刻な飢饉をもたらしたらしく、公家の子女にも餓死者が出るようになりました（『大乗院寺社雑事記』七月十四日条）。

地震や旱魃によって社会不安が増大する中、さらに伝染病の大流行も起こりました。七月十二日、後土御門天皇の皇子である勝仁《かつひと》親王（のちの後柏原《ごかしわばら》天皇）が病に倒れました。実相院増運《じっそういんぞううん》（後花園天皇の戒師を務めた高僧）が参内して、紫宸殿《ししんでん》（室町殿の中に仮に置かれた紫宸殿）において護摩が行われました（『親長卿記』同日条）。護摩は十八日に結願《けちがん》しましたが、御修法《みしほ》（宮中で行われる密教の加持祈禱の法）は行われませんでした。甘露寺親長は「末代《まつだい》の儀」（『親長卿記』同日条）だと嘆いています。

十六日になると、今度は後土御門天皇が発病しました（『親長卿記』同日条）。さらに病状から、疱瘡《ほうそう》（天然痘《てんねんとう》）が疑われました（『親長卿記』七月二十一日条）。親長は、天皇の傍を離れずに付き添っています。このとき、なぜか天皇は祈禱を拒否しました。そこで親長たち公卿は、個人的に神仏に対する祈願を行っています。二十四日になって、ようやく妙観院有賀による護摩が行われました（『親長卿記』同日条）。天皇の病気は長引いたらしく、翌月まで一切の政務を執らなかったといいます（『大乗院寺社雑事記』八月七日条）。

さらに八月に入ると、最初に足利義尚が発病し、やがてその両親である義政と日野富子も赤痢《せきり》を発症しました（『経覚私要鈔』八月十六日条）。この年の疫病は奈良でも多数の死者を出したようですが（『経覚私要鈔』八月十四日条）、御構の劣悪な環境では、特に疫病が蔓延しやすかったはずです。しかも室町殿には、将軍の家族だけでなく、天皇の家族も同居していましたので、ひとたび感染者が出ると一気に拡大しました。

このように文明三年は、終わりのみえない戦乱に加えて、天災や疫病の蔓延にも苦しめられた年となりました。応仁の乱は、戦闘による破壊行為だけでなく、天災による社会不安も招きました。天皇や公家たちにとっては、祈ることが事態を改善させる唯一の手段でした。特に朝儀や神事の不実施が神仏の怒りを招き、戦乱の長期化と天変地異をもたらしたと考えられたのです。しかし、御構の室町殿の内で過ごす限り、朝廷にできることは限られていたのでした。

## 譲位を訴える後土御門天皇

文明二年（一四七〇）十二月二十七日、後花園院が崩御しました。応仁の乱勃発によって子の後土御門天皇とともに室町殿に避難した院は、応仁元年（一四六七）九月二十日に出家して「円満智《えんまんち》」と号しました。そして、そのまま仙洞御所に帰ることなく、室町殿で崩じたのです。甘露寺親長は、二十六日に院の危篤を聞いて、すぐにその病床に駆け付けました。

（院は）すでにご正気を失っておられる。私は背中をお抱き申し上げて、各種のお薬をお進めしたけれども、ご服薬されない。おのどを通らないのである。お灸などをあちこちにお据えしたけれども効果はなかった。後土御門天皇、足利義政、日野富子らが参上なさった。私が「元三大師《がんざんだいし》などに、願を立てられてはいかがでしょうか」と申し上げると、天皇は「そのようにしよう」とおっしゃられて、すでに願文《がんもん》をお書きになられた。（天皇が）「勅使を立てなければならぬ」とおっしゃったところ、卯《う》の刻（二十七日の午前六時ごろ）に崩御あらせられた。地位の高い者も低い者も、非常に嘆き悲しんだ。私は、特に十一歳から四十七歳の今年まで、お傍にお仕えした。（院が）憐れみをかけてくださったので、絶えず忠義の念を持っていた。心の中は、どうしてよいか判らず、とまどっている。

（『親長卿記』文明二年十二月二十六日条）

天皇や義政夫妻の見守る中で、院は息を引き取りました。朝幕にリーダーシップを発揮し「近来の聖主」（『応仁略記』）と称えられた後花園院の崩御は、大きな衝撃であったに違いありません。親長は、十一歳から三十七年間も近臣として仕え、その最期をみとりました。禁闕の変では命がけで当時の後花園天皇を守ったことを思い出していたかもしれません。

この後花園院崩御のころから、後土御門天皇は譲位の意思をもらすようになります（『経覚私要鈔』文明三年二月二日条）。そして翌文明三年になると、天皇が出家を希望しているということが、親長の耳にも入ってきました。

> ある者がいうことには、後土御門天皇がご出家を希望されており、仏道をお求めになるお気持ちが限りないそうである。これは、途切れることのないお気持ちである。先月三十日、この問題を聞き及んだところだ。もう昨日は、義政殿にもおっしゃられた。朝廷の一大事だとして、天下の人々が心を痛めている。天魔の所行であろうか。最近の人々は、この問題以外にほかのことがない。
>
> （『親長卿記』文明三年四月四日条）

四月に入って、天皇はいよいよ譲位と出家の希望を明らかにしました。この天皇の気持ちに対して、義政や周囲の公家たちはひどく心を痛め、何とか翻意させようとしています。特に義政は、天皇の叔父である伏見宮貞常《さだつね》親王を通して、天皇を説得しました（『親長卿記』四月六日条）。前章にみたように、天皇は、幼少期は伏見宮邸で養育されており、同居の貞常親王は父親代わりの存在でした。義政が貞常親王に期待したのは当然でしょう。将軍と親王の説得によって、天皇はいったん譲位を断念したようにみえました。

しかし譲位騒動の翌月には、今度は天皇だけでなく、義政も出家するという噂が都に立っています（『経覚私要鈔』五月十四日条）。そして、天皇がすでに冠を外してしまった（出家してしまった）ことや、それに対して義政が再び貞常親王を通して、強く諫めたという話も伝わっています。この背景には、側近の公家たち数名が餓死したことがあったようでした（『経覚私要鈔』五月十五日条）。さらに八月にも、後土御門天皇が譲

図６　足利義政像（模写）（東京大学史料編纂所蔵）

位し、出家したいと訴えていることが伝わっています（『大乗院寺社雑事記』八月七日条、閏八月十五日条）。

このように文明三年は、後土御門天皇が絶えず譲位と出家を訴え続けました。なぜ、この時期に天皇は譲位を希望したのでしょうか。ひとつには、父の後花園院が崩御し、大きな心の支えを失ったことがあったでしょう。また戦乱の長期化と、公家の不在によって、朝儀が停止していることも、政務に対する意欲の減退につながったはずです。さらに自身も疱瘡に感染し、周囲も疫病に苦しんだだけでなく、側近の中には餓死者まで出るようになっていました。このような厳しい生活環境の中で、精神的に不安定になり、厭世観を強めてしまったことは容易に想像できます。

ここまでみてきたように、文明三年は、南朝末裔の上洛や天災、疫病の蔓延にも苦しめられた年でした。天子《てんし》は、世の中が乱れて、民が苦しんでいるのは、自身の不徳が原因と考えます。自分が皇位を去ることによって、戦乱の終結と事態の好転を期待したのかもしれません。いずれにしても、文明三年という年は、後土御門天皇にとって非常に苦しい一年でした。

## 室町殿における内侍所の新造

応仁の乱の勃発によって、三種の神器は後土御門天皇とともに室町殿に移されました。当初、天皇の避難は一時的と考えられていたので、三種の神器も一時的な安置にとどめられていたはずです。しかし、戦乱と室町殿避難の長期化によって、仮御所の三種の神器についても見直しが求められました。早くも応仁二年（一四六八）には、翌年正月の節会《せちえ》再開を目指して、避難先の室町殿に「賢所別殿《かしこどころべつでん》」の建設が議論されました（『大乗院寺社雑事記』十一月二十日条）。このときは建設に至らなかったようですが、室町殿における内侍所の必要性は、乱の勃発後の早い時期から意識されていました。

内侍所が室町殿内に新造されるのは、文明四年（一四七二）でした。ここからは、内侍所新造の動きを追っていきたいと思います。この時期に建設が実現したのは、正月二十四日の晩に内侍所が鳴動するという事件が起こったためでした（『親長卿記』正月二十五日条）。その三日後には、早くも内侍所を建て替えることが決まっています（『親長卿記』正月二十七日条）。

内侍所の鳴動は、神鏡に宿る神の意思の表れと考えられました。内裏から離れて長くなり、戦乱に終わりのみえない中で、神鏡もお怒りだと感じられたのです。実は、応仁の乱中の鳴動は、今回が初めてではなく、一年ほど前の文明二年（一四七〇）十二月七日にも発生していました（『親長卿記』同日条）。伏見宮貞常親王は「このようなお告げも、とても怖しく思われます」（『山賤記《やまがつのき》』）と記しており、内侍所が怒っていると感じています。このときは吉田兼倶が清祓《きよはらい》を行ったのみで、新造は話題に上っていません。文明三年の厳しい一年を経て、あるいは内侍所に対する慰撫《いぶ》の必要が強く感じられたのかもしれません。それほどに朝廷も幕府も、今回の内侍所の鳴動を重大視したのです。

二月五日、内侍所の建設が開始されました（『親長卿記』同日条）。場所は、室町殿内の南庭の南東の角でした（『宗賢卿記』二月二十一日条）そして十六日には、立柱《りっちゅう》と上棟《じょうとう》の儀が行われています（『親長卿記』同日条）。遷座の儀は、二十二日に行われることになりました。

## 御神楽に向けた動き

内侍所の建設開始の翌日、綾小路俊量《としかず》（有俊の子）が山科《やましな》家を訪れて、先月の内侍所鳴動についてて語った上で、今月御神楽が行われることになったと話しています。そして、山科家より用務に必要な道具を借り出しました（『山科家礼記《らいき》』二月六日条）。すでに触れたように、応仁元年（一四六七）の西軍の攻撃によって、綾小路邸は焼失していました（『宗賢卿記』応仁元年九月十三日条）。おそらくこの火災などで、御神楽に必要な用具も失っていたのでしょう。久しぶりの内侍所御神楽に参仕するためには、よその公家から道具を借用する必要があったのです。実際、俊量は正月の参内でも、夏季の袍《ほう》を着ていました（『親長卿記』文明五年正月二日条）。また俊量が山科家から装束を借りることは、そのあとも続きました（『言国卿記《ときくにきょうき》』文明八年十二月十五日条、文明十年八月九日条）。二十一日には、朝廷と幕府の交渉役である伝奏《てんそう》の勧修寺《かじゅうじ》教秀《のりひで》が御構から山科家にやってきて、やはり御神楽の用具を借用しようとしています（『山科家礼記』同日条）。

さらに十五日には、俊量の父である有俊が、山科家を訪れています（『山科家礼記』同日条）。綾小路家に養子に入った有俊にとって、山科家は実家でもありました。具体的な用務は記されていませんが、おそらく御神楽に関する相談を行ったのでしょう。また十八日には、甘露寺親長のもとに四辻季春が訪れて、内侍所御神楽について語っています（『親長卿記』同日条）。

ところで内侍所新造にあたって、なぜ御神楽が行われたのでしょうか。鎌倉時代に順徳天皇が著した『禁秘抄《きんぴしょう》』「賢所《かしこどころ》」の項目には、次のような説明があります。

一条天皇の御代から、十二月に御神楽があった。ただし、多くは隔年で実施された。近年は毎年実施されている。内侍所が新しい場所になったときも実施される。

内侍所の新造にあたっては、遷座の御神楽が行われるという先例がありました。この先例に従って、室町殿の内侍所でも御神楽が行われることになったのです。この間、内侍所御神楽の再開が強く望まれていたのでしょうが、土御門内裏以外の仮御所、しかも将軍御所で朝儀を実施することは、先例の壁が立ちはだかりました。事実、この間の朝儀はすべて停止されていたのです。しかし新造と遷座にともなって御神楽が実施されたことは、室町殿における内侍所御神楽の先例を開くことになりました。

## 内侍所御神楽の催行

内侍所の遷座と御神楽が行われたのは、二月二十二日の夜でした。

今夜は、内侍所の遷座だそうだ。伝奏は勧修寺教秀、奉行は正親町公兼《おおぎまちきみかね》である。そのまま御神楽が行われた。先月の鳴動のためである。（後土御門天皇の内侍所の）行幸はなかった。ただ御神楽のみが行われたという。

（『親長卿記』文明四年二月二十二日条）

伝奏の勧修寺教秀、奉行の正親町公兼が実務を担いました。所作人は記されませんが、当時拍子を担った綾小路俊量、四辻季春が事前に事情を知り、実施に向けて動いていたことを考えると、彼らが奏楽を担当したのでしょう。一方、甘露寺親長はこの御神楽に深く関与した様子はなく、ただ日記に記しただけでした。

内侍所の新造、および御神楽に必要な経費は、特に記されないことから、幕府が負担したはずです。武家伝奏が関わっていることからみても、まず間違いないでしょう。その一方、後土御門天皇の内侍所参拝がなかったことや、費用や召人に関する記事がないところをみると、おそらく通例の規模ではなく、略儀で行われたようです。それでも数年間にわたって中断していた内侍所御神楽は、ついに再開にこぎつけました。今回は遷座にともなう御神楽でしたが、それが今度は恒例行事の御神楽の本格的な再開につながっていくのです。

# Ⅲ　中世の内侍所御神楽

## 『建武年中行事』に記された内侍所御神楽

御神楽は、天《あめ》の石屋《いわや》伝説に由来するとされる芸能です。天宇受売命《あめのうずめのみこと》の歌舞によって天照《あまてらす》大御神《おおみかみ》が石屋から出てきたことにより、高天原《たかまがはら》に平穏が戻るという神話です。内侍所御神楽は、その神話のごとく天照大御神の神体である神鏡に歌舞が奉げられます。

内侍所御神楽は、一条天皇の代に始められ、やがて毎年十二月の恒例行事となりました。殿《てん》上召人《じょうめしうど》（殿上人の召人）、地下《じげ》召人（四位、五位の召人）、近衛《このえ》召人（近衛府の下級官人で、楽所に所属する楽人）の三階層から、それぞれ所作人が選ばれ、本拍子《もとびょうし》、末《すえ》拍子、和琴《わごん》、笛、篳篥《ひちりき》、付歌《つけうた》を分担しました。これに全体を取り仕切る唯一の舞人の人長《にんじょう》が加わって、神楽歌と呼ばれる歌謡を奏楽しました。より詳しい内容は、中本真人『宮廷の御神楽―王朝びとの芸能―』（新典社新書）をお読みいただきたいのですが、前著では平安時代の内侍所御神楽を中心に取り上げており、鎌倉時代以降には触れていません。そこで鎌倉時代の内侍所御神楽について、簡単に紹介しておきたいと思います。

後醍醐天皇がまとめた有職故実書に『建武年中行事《けんむねんじゅうぎょうじ》』という書物があります。その中に

「内侍所の御神楽」という項目があります。この書物から、鎌倉時代末期の内侍所御神楽の次第をみてみましょう。

天皇の行幸がある。まず典侍《ないしのすけ》・掌侍《ないしのじょう》が参上する。典侍は、童二人に差几《さしぎ》帳《ちょう》をさせている。内侍所に行幸すると御拝《ごはい》がある。刀自《とじ》が祝詞《のりと》などを申し上げる。この間に所作人は、南殿《なでん》（紫宸殿《ししんでん》）の西の方で楽器の音合わせを行う。内侍所の前に、主殿《とのも》寮《りょう》が幔《まん》を設置して、官人が庭火《にわび》に点火する。本方《もとかた》・末方《すえかた》の座を二行に設置する。近衛召人の座は、その後方にある。人長の座は、末方の座に横向きの座である。順番に座に着く。人長が進み出て軾《ひざつき》を敷かせて「鳴《な》り高《たか》し（静まれ）」などと警《いまし》めて、順番に所作人を召し出す。笛・篳篥・本拍子・末拍子の歌人《うたびと》・和琴の所作人が、順番に軾に着座して演奏する。人長の指示に従って、笛・和琴・本拍子の所作人は、本方の座に参候する。末拍子と

図７　後醍醐天皇像（模写）
（東京大学史料編纂所蔵）

篳篥の所作人は、末方の座に参候する。和琴の所作人は、地位に関係なく本方の上座に着座する。和琴の名器「鈴鹿」を賜るからであろうか。「縒合《よりあい》」、「庭火」の本歌《もとうた》・末歌《すえうた》が終わって、人長は帰り入る。採物《とりもの》の曲が終わって「韓神《からかみ》」の拍子を上げたのち、人長が立って、演奏をする。そのあと勧盃がある。「韓神」が終わって、また人長が進み出て、今度は才《さい》の男《おのこ》を召し出す。それぞれ座の末から進み出て、跪《ひざまず》いて帰り着く。「薦枕《こもまくら》」から「千歳《せんざい》」、「早歌《はやうた》」などが終わると、天皇は「明星《あかぼし》」をうたうようにおっしゃる。笛と篳篥が演奏して、「星」三首が終わって「朝倉《あさくら》」、「其駒《そのこま》」などはいつもの通りである。禄が下賜される。

臨時御神楽は、秋季に行われるので、名は「臨時」というけれども、現在は恒例行事となっている。公卿の所作である。御所作《おんしょさ》などが行われるときもある。御所作のときは、天皇が「明星」をおっしゃるとき、御簾をお動かしになる。楽器は笛なので、そのまま音合わせで伝えられることも伝達手段としてある。臨時御神楽には禄はない。御神楽が終了すれば、本殿に還御なさる。

（『建武年中行事』「内侍所の御神楽」）

『建武年中行事』の内侍所御神楽は、大筋では平安時代の次第と変わりありません。次第だけをみると、神前の静寂の中で粛々と神楽歌が奏されたようにみえます。しかし、実際は周囲に多くの見物がいました。彼らは静かに御神楽を聴聞していたわけではなく、どうやら私語が絶えなかったようです（『徒然草』第一七八段など）。

## 天皇の御所作も行われた内侍所御神楽

『建武年中行事』の内侍所御神楽には、臨時御神楽の説明も収められています。鎌倉時代中期までは、恒例の内侍所御神楽は毎年十二月に一度行われるのみでした。特別に臨時の御神楽が催行される場合もありましたが、あくまで臨時であって、恒例化されることはなかったのです。

ところが、鎌倉時代後期になると、冬十二月の御神楽に加えて、臨時御神楽も行われるようになります。臨時御神楽は、公卿の所作とされており、さらに天皇の奏楽である御所作が行われる場合もありました。近衛召人が中心となる恒例御神楽に対し、臨時御神楽は天皇や公卿も所作しますので、やがて恒例御神楽よりも格が上とみなされるようになります。鎌倉時代後期は、皇統が大覚寺統と持明院統に分裂する両統迭立となりましたが、内侍所御神楽の御所作は大覚寺統の天皇だけにみられる行為です。亀山天皇、後宇多天皇は、それぞれ笛の御所作を行っています。元亨元年（一三二一）十二月二十二日の内侍所臨時御神楽では、後醍醐天皇が笛の御所作を行いました。

> 今夜は内侍所臨時御神楽である（この御神楽は、永仁のころに始められ、秋季御神楽と呼ばれる。その後は、おおよそ継続されて行われてきた）。過日、内々に勾当掌侍《こうとうしょうし》奉書《ほうしょ》をもって御所作のご意向が仰せ下された。（中略）
> 今度の天皇による御笛の演奏は、堀河院の承徳二年に先例がある。このとき『中右記』によると、御簾の内からときどき天皇の笛の声が聞こえたが、さぞかし神感があっただろうなどとある。また亀山院の文永四年には、笛をご演奏になった。また弘安六年には後宇多法皇が笛をご演奏になった。このとき『故入道殿御記』によると「韓神」・「千歳」・「早歌」などの神楽歌をご演奏になったそうである。今回は「榊《さかき》」から「明星」までの神楽歌をご演奏になる。
> （『中納言資兼《すけかね》卿記』元亨元年十二月二十二日条）

後醍醐天皇は、大覚寺統の伝統である笛だけでなく、のちには本拍子もとりました。天皇が拍子をとることは、院政期の堀河天皇以来の行為でした。

中世の朝廷が模範としたのは、摂関政治から院政に移行する時期でした。平安時代の初期は、唐の政治を模範とした律令体制が続いていました。しかし時代が下ると、律令体制が解体され、藤原氏による摂関政治に移行します。さらに平安時代後期になると、院（上皇・法皇）による院政が始まります。もっとも院政によって摂関政治が完全に終わったわけではなく、院と摂関家は協調し、特に摩擦を起こしながら続いていきます。

鎌倉時代に入ると、次第に実権を幕府に奪われていきますが、まだ経済的には充分な余裕があり、天皇も公家も朝儀や芸能にエネルギーを注ぐことができました。しかし、両統迭立の時代に入ると、朝廷内は二派に分裂し、文化的活動にも影響を及ぼすようになります。

## 南北朝の動乱と内侍所御神楽

建武三年（延元元年、一三三六）十月に建武政権が崩壊すると、都の北朝（光明天皇）と吉野の南朝（後醍醐天皇）に分裂する南北朝時代に入ります。北朝は、光明天皇の兄である光厳院が院政を敷き、足利尊氏・直義兄弟が政権を運営しました。

暦応《りゃくおう》改元のころから戦乱がしばらく静まって、天下は平穏になったけれども、京中の貴賤はなお窮困の不安を抱いている。その理由は、国衙《こくが》や庄園の領主の支配も成り立たず、正税《しょうぜい》・官物《かんもつ》も運送の支障があって、朝廷は日に日に衰微したので、朝儀はことごとく廃絶してしまって、政道は全く腐敗してしまったのである。

（『太平記』巻二十四「朝儀廃絶の事」）

この『太平記』の記述によって、光厳院政期の朝儀は荒廃したと考えられがちでした。確かに光厳院政期の朝儀全般をみると、内乱の影響を受けて規模の縮小などを余儀なくされてはいました。しかし、公家社会は朝儀復興に意欲的で、幕府の援助を受けつつも、まだ自立できていました。

では、南北朝分裂後の北朝の内侍所御神楽は、どのように行われたのでしょうか。鎌倉時代後期より内侍所御神楽は、恒例御神楽と臨時御神楽の二回が催行されることもありました。しかし、後醍醐天皇が吉野に入って南朝を樹立すると、北朝は臨時、恒例をそれぞれ別日に開催するのではなく、十二月などに「臨時恒例（両座）御神楽」として一晩で行うようになります。

この御神楽では、先に「臨時」を公卿中心に行い、続いて地下楽人と交代して「恒例」を行いました。暦応三年（興国元年、一三四〇）十二月二十九日の御神楽は、綾小路有俊の祖父である敦有《あつあり》が詳細に記録しています。

内侍所臨時恒例両座御神楽である（奉行は四条隆持《たかもち》である）。亥二刻《いのにこく》（午後九時半ごろ）に内裏に参上した（束帯縫腋姿《そくたいほうえき》は、いつもの通りである。近年は略儀で、剣・笏は帯びていない）。今夜は先に追儺《ついな》と祇園臨時祭《ぎおんりんじさい》が行われたので、寅一刻《とらのいっこく》（午前三時ごろ）になって（天皇は内侍所にお出ましにになった。額の間《がくのま》にお出ましになり、四条隆持が沓《くつ》を献じ、中山定宗《さだむね》が昼御座《ひのおまし》の剣を持って前を行き、侍臣《じしん》が燭を持って前を行き、四条隆持が裾を持った。先に天皇の拝礼があった（鈴を鳴らすこと三度）。

先に臨時御神楽が行われる。次に所作人が着座する（公卿は沓を脱ぎ、殿上人は沓座に着座した。これは近年の略儀である。江北は須加計、上臈《じょうろう》は神殿の右）。次に人長が庭火に進み出て（両座、その間に笛の音合わせがある）、作法があり（沓を摺り、左右を顧みるのである）、所作人たちを座から立たせ、幔《まん》の門の外を歩き回る。次にまた人長作法があり（「小火白《おびしろ》く仕《つかまつ》れ」という）、作法がある（軾《ひざつき》を召すのである）。次に、人長は笛の所作人を召し（庭火の前に沓を摺り、右を顧みるのである）。立って本方に行かせる（神殿の右側である）。中院親光《なかのいんちかみつ》が幔の門に入り、本末の座の中央を経由して軾に進み出る（庭火の前である）。「庭火曲」を演奏して、本の路を経て座の末を廻り（堂上召人と近衛召人の座の中央を経る）本方の座に着座する。次に人長は篳篥の所作人を召す。立って末方に向かう（神殿の右側である。作法は前と同じである）。楊梅兼親《やまももかねちか》が軾に着座して曲を演奏し、末方の座に着座する。次にまた人長は和琴の所作人を召す。立って本方に向かう。季成《すえしげ》が軾に進み出て曲を演奏する（琴を持参させるのは、近衛召人でもっとも下位の者であるところだが、季成が自身で持参したのはどういうわけであろうか）。本方の座に着く。次に人長作法があり、笛と篳篥は「縒合曲《よりあい》」を演奏する。和琴は「菅攪《すがかき》」を弾く。次に人長は本方の歌人を立たせて本方に向かわせる。私（綾小路敦有）は（裾を引いて、笏拍子は懐中にある）、進み参って庭火の前に至って跪き、いささか軾を引き寄せて、沓を着けたまま着座し、庭を定め衣裳を刷り、右方から裾を引き寄せ（三度ほど）「菅攪」二、三度のあと、「庭火曲」をうたい終わった。左を廻って座の末を経由して本方に着いた。次に人長は立って末方の歌人を召して、立って末方に向かわせる。八条実興《はちじょうさねおき》が庭火に進み出て曲をうたうと、末方の座に着いた。次に人長が著座する。陪従《べいじゅう》が加わって殿上召人の座の末に着き、近衛召人は後ろの座に着いた。

次に私と八条実興が拍子を取り合わせて、和琴の「管攬」二、三度を聞いたあと「クシノ拍子」を打ち出す。「阿知女《あちめ》」と採物《とりもの》の曲はいつもと同じである。「韓神」の上拍子のときに、人長が庭火に進み出て舞った。次に人長が才《さい》の男《おのこ》を召す（その儀は、初めと同じである）。上藹から次第に座の末の者に至り跪いて座る（いささか神殿の方を見る）。本の座に戻って座る。また人長は作法があり（「前張《さいばり》」を奉仕することである）、次に和琴が「薦枕曲《こもまくら》」を演奏する。次に「阿知女作法《あちめのわざ》」の後を出し、「薦枕」、「早歌」が終わったあと、四条隆持が来て「明星」を仰せつけられる（本末の座の中央を経由して、私の前に跪く様子である）。次に「星」三首が終わって、「其駒」の上拍子の時に、人長が庭火に進み出て終了を告げると、それぞれ座を立った（下位の者からである）。（中略）

次に恒例御神楽である。人長作法のあと、それぞれ立場によって座に着くのは前と同じである。次に勧盃《けんぱい》がある（四位の殿上人が盃を取り、六位が瓶子《へいし》を取った）。本末それぞれの列は、同時にここにある。次にそれぞれ座を立たせて、人長の作法の次第に従って、庭火に進み出て曲を演奏する。それぞれ本末の座に着いて「阿知女作法」と採物などはいつもの通りである。「韓神」の終わったあとに、また勧盃があった（その作法も前と同じである）。次に人長は才の男を召して立たせる。次に「前張」以下の曲はいつもの通りである（「星」

を仰せになる作法も前と同じである）。所作人たちは禄を賜った（四条隆持以下はその禄を取る）。それぞれ右肩に掛けながら座を立って退出する。次に天皇が本殿にお戻りになることは、前と同じである。

（『敦有卿記』暦応三年十二月二十九日条）

この御神楽の記事をみる限り、北朝の朝儀が大きく衰退していたわけではないことは明らかです。何より御神楽を細部まで記録しておこうという敦有の態度に、朝儀に対する強い意欲が感じられます。もっとも北朝でも、臨時恒例御神楽は略儀という意識があったらしく、臨時御神楽と恒例御神楽を別日に開催した年もありました。

　もうひとつ大切なことは、この時期の朝儀は、基本的に朝廷が自身で費用を負担していたことです。もちろん幕府の支援はありましたが、朝廷の財政的基盤はいちおう維持されていたのです。こ

図８　内裏（上杉本洛中洛外図屏風）（米沢市上杉博物館蔵）

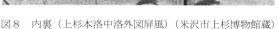

のように南北朝時代の前半は、北朝の政権運営も比較的安定していました。それが大きく変わるのが、正平一統《しょうへいいっとう》と呼ばれる事件です。

## 神鏡不在の内侍所御神楽

観応二年（正平六年、一三五二）十一月、足利尊氏・義詮は南朝との講和を成立させました。

南北朝に分裂していた朝廷は南朝に合一され、北朝の崇光《すこう》天皇は廃されました（正平一統）。北朝の三種の神器は、後村上天皇の南朝側に引き渡されました。同年十二月二十八日、南朝は三種の神器の到着を記念して内侍所御神楽を行っています。所作人は、北朝から公家を呼んでいます。

吉野の穴太《あなう》（改名して「加奈宇《かなう》」という）の行宮《あんぐう》において、内侍所御神楽が行われた。（南朝から）お召しがあったにもかかわらず、病気のために参上できなかったのは、非常に残念なことであった。後日、尋ね聞いてこれを記す。

拍子　洞院実守《とういんさねもり》

　　洞院実清《とういんさねきよ》
笛　中御門宗重《なかみかどむねしげ》
篳篥　中院親光《なかのいんちかみつ》
和琴　洞院公泰《とういんきんやす》
　近衛召人　多景朝《おおのかげとも》　多忠春《おおのただはる》　安部季景《あべすえかげ》　人長　秦弘忠《はたのひろただ》
（『敦有卿記』正平六年十二月二十八日条）

観応三年（正平七年、一三五二）三月、南朝は光厳・光明・崇光の三人の院、および前東宮の直仁親王を拉致して幽閉しました。同年八月十七日、京都を奪還した義詮は、光厳院の第二皇子である弥仁王《いやひとおう》を擁立して後光厳天皇を践祚させ、北朝を再興させます。しかし三種の神器は南朝に渡ったままですので、後光厳、後円融、後小松天皇の三代は、三種の神器を持たずに践祚しました。

それでは、その間の内侍所御神楽は、どのように行われたのでしょうか。北朝の公家たちは、同じく三種の神器を持たずに践祚した後鳥羽天皇を先例として、神鏡不在の状態のまま内侍所御神楽を継続しました。神鏡が眼前に存在するかのように内侍所を祀る「如在《じょさい》の礼」という方式を採用したのです。この方策を主導したのは、関白の二条良基《よしもと》でした。良基は朝儀復興に努力し、特に足利義満に公家文化を吸収させることによって、将軍の全面的な支援の下に朝儀を遂行するスタイルを固めました。内侍所御神楽は、如在の礼という異例の形式によって、室町幕府の支援を受けながら継続されたのでした。

一方、神鏡を有する南朝は、文和三年（正平九年、一三五四）十二月にも内侍所御神楽を行っています。

天下の騒乱によって十二月二十四日、後光厳天皇が近江にご遷幸されたため、御神楽を実施しなかった。南朝（当時は河内国の天野《あまの》行宮《あんぐう》にあった）では御神楽が行われたという。のちに、多忠春が来て話したところである。

拍子（本、御所作《おんしょさ》。「薦枕《こもまくら》」から「早歌《はやうた》」に至って下された。洞院実清がこれを賜った）末、洞院実守）、笛（大神景綱《おおがのかげつな》）、篳篥（楊梅兼親《やまももかげちか》）、和琴（洞院公冬《とういんきんふゆ》が「庭火」のとき、多久弘《おおのひさひろ》が琴を置いた。仰せによるという）

近衛　久成《ひさしげ》（人長である）、多忠春、大神景継《おおがのかげつぐ》、多久弘　（『教有卿記』文和三年十二月条）

この天野行宮（河内金剛寺《こんごうじ》）の内侍所御神楽では、後村上天皇が本拍子をとりました。いうまでもなく、父の後醍醐天皇の先例を踏襲したのです。ただし、南朝の内侍所御神楽は、以後記録からみられなくなります。記録にはみられなくても、ある程度は続いたのかもしれません。しかし南朝の弱体化によって、次第に継続は困難になったと考えられます。

## 室町幕府に全面的に依存した北朝の朝儀

後光厳天皇以降の北朝は、内乱によって経済的基盤を失っていました。そのため朝儀や年中行事の費用も自身で調達することができず、室町幕府が御訪《おとぶらい》（必要経費の献金）という形で、そのつど進上しました。また足利義満は、自身が積極的に朝儀や年中行事に参加しましたので、将軍の威厳を保つために、幕府から多額の金銭が献上されました。このような関係は、室町時代を通じて続いていきます。

内侍所に関する費用は、もともと朝廷の特に内蔵寮《くらりょう》が支出していました。具体的には、内侍所の修理、調度の新調、天皇の拝礼、御神楽、御搦《おからみ》（神鏡の納められている唐櫃《とうひつ》を絹布《けんぷ》で包み、紐を縦横に細かく掛けて、きつくからめ結ぶこと）などの機会です。

幕府が財政的に安定している間は、朝廷に対する支援も滞りなく行われました。しかし、幕府が弱体化してくると、朝廷に対する支援もままならなくなります。そこに追い打ちをかけたのが、応仁の乱でした。

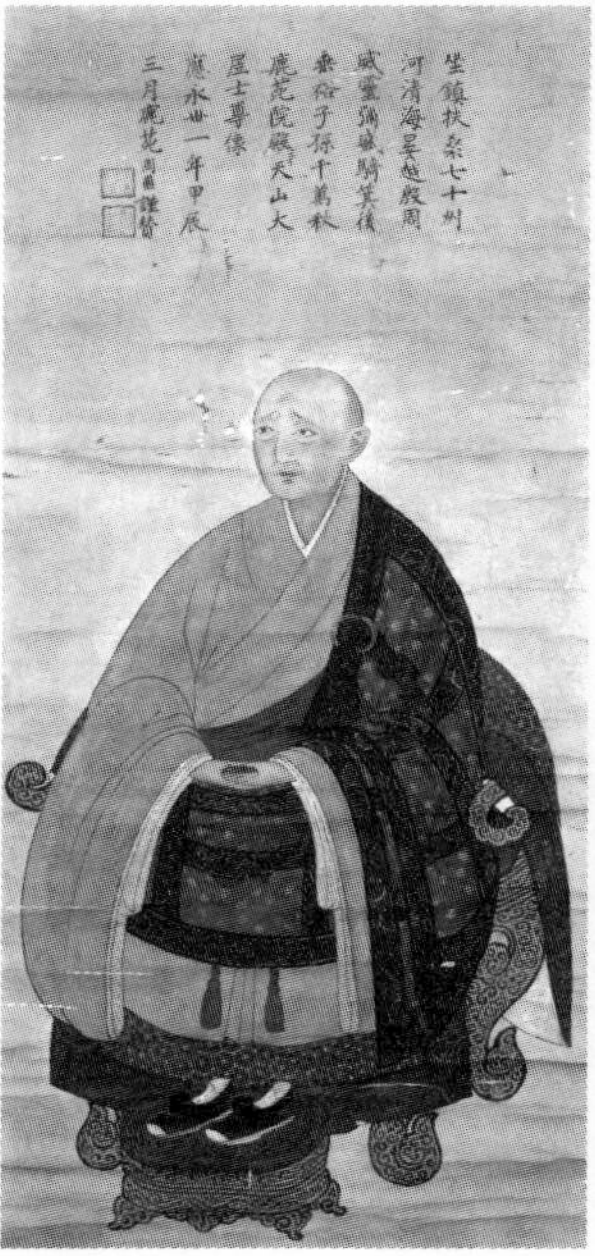

図９　足利義満像（模写）（東京大学史料編纂所蔵）

（この正月は）節会はない。昨年（文明十一年（一四七九））十二月七日夜、後土御門天皇は土御門東洞院内裏に還幸された。形ばかりの修理が加えられたのみだ。すべての件が、有名無実の儀だという。応仁元年（一四六七）より行宮《あんぐう》に滞在されて、去年になって十三年を経て還幸された。したがって今年まで節会など、一切の公事は行われなかった。末代この上ないことである。足利尊氏以来、朝儀のすべてのことには、幕府から進上されたが、それもごく僅かな額なのである。当代はまた一切が断絶している。幕府の冥伽金《みょうがきん》も尽きてしまった。三社の神慮は慮《おもんぱか》りがたい。中でも勝仁《かつひと》親王（のちの後柏原天皇）のご在所が同じであることもまた異例である。

（『尋尊大僧正記』文明十二年正月四日条）

応仁の乱の時代の尋尊にとって、朝儀のために幕府が全額を献金するのは、もはや当たり前でした。北朝が再興されて、幕府が朝廷を全面的に支援するようになってから、すでに百年以上が経っていたのですから、当時の誰もそれ以外の方法を知らないのです。しかし幕府の支援が難しくなった以上は、朝廷が経済的に自立するしかありませんが、長年の慣習を改めるのは容易ではありません。朝儀復興を進めるためには、特に公家の意識改革が必要だったのでした。

# Ⅳ 没落する公家、活躍する公家

## 没落する名門公家

公家は、各地に点在する公家領から収入を得ていました。しかし、南北朝の争乱によって特に地方の所領は有名無実化し、次第に京都周辺に限定されていくようになります。天皇は禁裏《きんり》御料《ごりょう》と呼ばれる所領から収入があり、一定の生活水準を維持していました。しかし摂関家をはじめとする公家は、大半が窮困し、日々の生活に困る者も少なくなかったのです。

少し下った時代の話になりますが、儒学者で医師の江村専斎《えむらせんさい》の日常談話をまとめた『老人雑話《ろうじんざつわ》』には、次のような一文がみられます。

常盤井殿《ときわいどの》という公家に、面会を求めた人がいた。取次の者がその旨を伝えると「夏の服装では恥かしいので」とおっしゃった。面会者は「大丈夫です」といったので、連れて行った。この人も「きっと夏の装束のことであろう」と思っていたところ、帷子《かたびら》（夏に着るひとえもの）もなくて、蚊帳《かや》を身に巻いて現れたそうだ。信長の時代のことである。

（『老人雑話』巻下）

この話は極端な例かもしれませんが、しかし戦国時代の公家が装束にも困っていたのは事実でした。参内や行事に必要な装束を自前で揃えられず、ほかの公家から借用したり、装束がないことを理由に参仕を拒んだりしました。

内侍所御神楽の催行のためには、奏楽を担当する所作人はもちろん、実務を担う公家も必要です。室町時代初期までは、家ごとにおおよその職が決まっており、世襲でその役目を果たしました。しかし没落したり、あるいは断絶したりする家が出てくると、その役割を果たす公家がいなくなってしまいます。事実、室町時代中期から後期にかけて、王朝時代より御神楽に奉仕してきた公家がいくつも衰退したり断絶したりしました。断絶に至った理由は、家によって異なりますが、その根底に窮困があったことは間違いありません。経済的な理由から、家の維持を断念した名門公家は少なくなかったのです。その中には、有俊の綾小路家も含まれていたのです。

ここからは、長く内侍所御神楽に奉仕していながら、この時期に没落した公家を取り上げたいと思います。

## 洞院家の衰退と断絶

**洞院家略系図**（実線は実子、二重線は養子）

公季…公経─┬─実雄…公賢─実夏─公定＝満季─実熙─公数＝公連＝実賢（断絶）
　　　　　　└─実藤（室町・四辻家）

洞院《とういん》家は、鎌倉時代に権勢を振った西園寺《さいおんじ》家の庶流（分家）で、室町時代中期にかけて大臣を輩出した清華《せいがけ》家でした。同じく西園寺家庶流に四辻（室町）家があります。南北朝時代には、北朝の重鎮で、南朝からも信任された公賢《きんかた》が出ました。公賢は有職故実に精通した文化人で『園太暦《えんたいりゃく》』の記主としても知られます。また、その孫の公定《きんさだ》は『尊卑分脈《そんぴぶんみゃく》』をまとめました。

また洞院家は、音楽の家としても高名で、特に箏《こと》の相承の中心にありました。さらに鎌倉時代より御神楽の所作人も務めていました。延元元年（建武三年、一三三六）の内侍所御神楽では、後醍醐天皇が本拍子をとり、右大臣の公賢が和琴を奏しています（『敦有卿記《あつありきょうき》』建武三年三月二十九日条）。また前章でも取り上げましたが、正平一統（足利尊氏・義詮が南朝に降伏し、崇光天皇が廃された事件）によって三種の神器が南朝に渡ると、観応二年（一三五一）に南朝の賀名生《あのう》御所で内侍所御神楽が行われました。この御神楽には、それまで北朝で御神楽に参仕していた洞院実守《さねもり》（公賢の弟で、養子）が本拍子をとっています（『敦有卿記』正平六年十二月二十八日条）。さらに文和三年（一三五四）の天野行宮《あまのあんぐう》（河内金剛寺）の内侍所御神楽では、本拍子を後村上天皇がとり、末拍子は実守が勤めています（『敦有卿記』文和三年十二月条）。

室町時代前期の洞院満季《みつすえ》は、綾小路信俊から御神楽の拍子を伝受し、応永二十二年（一四一五）の内侍所臨時御願御神楽では、初参でありながら本拍子を勤めました（『御神楽雑記《みかぐらざっき》』応永二十二年六月五日条）。満季の子の実煕《さねひろ》は、権中納言の地位にあった永享元年（一四二九）三月、後小松院の官女（大弐局）との密通が発覚し、勅勘《ちょっかん》をこうむるとともに、父の満季からは義絶されました（『建内記』永享元年三月二十九日条）。しかし翌二年（一四三〇）三月には許されて復帰しています。そして同年十二月の内侍所御神楽には、本拍子を勤めました。

この内侍所御神楽にあたって、満季は実煕に拍子を伝えるとともに、早くに養父を失った綾小路有俊にも伝授しています。七日に満季邸で習礼《しゅらい》が行われており、実煕、有俊、それに平松資継《すけつぐ》らが参加しています（『薩戒記』永享二年十二月七日条）。その上で十四日には、臨時御神楽の本拍子を実煕、末拍子を有俊がとり、恒例御神楽は有俊と資継がそれぞれとっています

（『薩戒記』永享二年十二月十四日条）。

その後も実熙は、内侍所御神楽に参仕し、本拍子や和琴を所作しました。さらに、永享十年（一四三八）には神楽歌の秘曲「弓立《ゆだち》」を有俊から伝受しています（『看聞日記』永享十年十二月二十日条）。実熙は、文安二年（一四四五）の内侍所御神楽まで参仕し（『師郷記』文安二年十二月二十五日条）、翌三年（一四四六）に内大臣に昇って所作人を離れました。

このように内侍所御神楽の所作人を出し続けた洞院家も、家領からの収入の減少によって窮困に苦しんでいました。実熙は後花園天皇に対して、家の窮状を次のように訴えています。

いまのような零落した暮らしが続きましたら、禁裏小番《きんりこばん》の者たちのように（大臣家以下の家柄の者たちのように）落ちぶれてしまいまして、この先は昇進の望みもかなわぬ身の上となってしまいます。（東山御文庫本『洞院家今出川家相論之事』）

洞院家のような清華家は、家格にふさわしい生活の維持のために、ほかの公家よりも多くの費用が必要でした。しかし収入の減少によって、家を維持することが難しくなり、このままでは中流の公家と変わらなくなってしまうと嘆いているのです。実際、実熙は将来を悲嘆して、応永二十七年（一四二〇）には十二歳で出家しようとしたほどでした。

文明八年（一四七六）二月、実熙の子の公数《きんかず》は三十六歳で出家しました（『公卿補任』）。すでに同二年（一四七〇）五月二十四日に権大納言・左近衛大将を辞しており（同書）、そのまま公家社会から離脱していたようです。出家後の文明十三年（一四八一）には、有俊らと奏楽するなど（『親長卿記』文明十三年二月九日条）、音楽の心得はあったようですが、内侍所御神楽の参仕は確認できません。洞院家の御神楽は、公数に受け継がれることはなかったのです。

ちなみに、公数の出家後、文明十四年（一四八二）十二月には、本家筋の西園寺実遠《さねとお》が子の公連《きんつら》に洞院家を相続させましたが、結局家を再興できないまま文亀元年（一五〇一）四月に出家しています。さらに公連の甥の実賢《さねかた》（西園寺公藤の子）が相続したものの、ついに洞院家は断絶したのでした。洞院家が所有していた記録・文書類は、すでに公数が中院通秀《なかのいんみちひで》らに売却していました。このことから、洞院家の断絶は、家の維持を断念した公数の積極的な選択であったと考えられています。

御神楽の所作人は、綾小路家など羽林家《うりんけ》の家業でしたが、洞院家は清華家でありながら、内侍所御神楽に多くの所作人を輩出していました。それだけに洞院家の没落は、内侍所御神楽の継続に対して大きな不安を与えたのではないでしょうか。

## 王朝時代より郢曲を伝えた松木家

**松木（中御門）家略系図**

道長―頼宗……宗重―宗泰―宗宣（宗量）―宗継―宗綱―宗藤＝宗満―宗通……

松木《まつのき》家は、藤原道長の子の頼宗《よりむね》に始まる家で、特に郢曲《えいきょく》の名門として知られました。長く中御門《なかみかど》家と呼ばれましたが、室町時代は松木家と称しています（室町時代の「中御門家」は勧修《かじゅう》寺《じ》家庶流で別家）。室町時代初期の松木宗泰《むねやす》は、応安三年（一三七〇）の内侍所臨時御神楽で末拍子をとり、翌四年（一三七一）、同六年（一三七三）は本拍子をとりました（『敦有卿記』応安三年十二月二十五日条、同四年十二月二十七日条、同六年正月二十四日条）。さらに、永和二年（一三七六）から四年（一三七八）までの内侍所臨時御神楽でも、やはり本拍子をとっています（『敦有卿記』永和二年十二月二十八日条、同三年十二月二十八日条、同四年二十六日条）。このように、室町時代初期まで、松木家は代々御神楽の拍子を務めていました。

ところが応永二十五年（一四一八）松木宗量《むねかず》が内侍を懐妊させ、その罪を伏見宮貞成《さだふさ》親王に負わせようと讒奏《ざんそう》した罪によって、後小松院の勅勘をこうむり、籠居《ろうきょ》を命じられました（『看聞日記』応永二十五年九月二日条）。その後、宗宣と名を改め、出家した宗量は、永享元年（一四二九）になってようやく赦免されました（『薩戒記』永享元年二月十三日条）。この赦免にあたっては、子息の宗継《むねつぐ》の尽力が功を奏したようです。

松木家は断絶を免れましたが、宗量の一件によって大きく衰退したことは事実でした。以後、御神楽の奉仕は確認できません。ただし、楽家としては一定の地位を維持したらしく、宗継の子の宗綱《むねつな》は楽所奉行《がくしょぶぎょう》にも任じられています。しかし、その生活は苦しかったらしく、戦国時代の宗綱は、十三、四年間も伊勢に滞在して、朝廷に出仕しませんでした（『二水記《にすいき》』永正十五年五月二十七日条）。

## 楊梅家・平松家の断絶

**楊梅家・平松家略系図**

道綱…季行─┬重季…経季─親忠─兼行─兼高─兼親─兼邦─兼英─兼重（断絶）（楊梅家）
　　　　　　└定能…資親─資兼─資守─資敦─資継─資冬─資遠─資澄（断絶）（平松家）

藤原道綱（『蜻蛉日記』作者の子）を祖とする楊梅《やまもも》家と平松家（二条家）は、篳篥《ひちりき》と郢曲《えいきょく》を家業としました。足利義満のころまでは、内侍所御神楽の篳篥は楊梅家が代々参仕しています。

しかし、その楊梅家は、兼重《かねしげ》の代に至って断絶します。永享三年（一四三一）二月十一日、宮中の女官が出産しました。女官の妊娠自体も問題でしたが、それ以上に内裏で出産したことが重大視されました。後小松院は幕府に対して、兼重が重罪を犯したため家領である摂津国菅《すげ》生《お》荘を没収するように求めています（『看聞日記』永享三年二月十八日条）。この処分によって楊梅家は断絶しました。以後、内侍所御神楽の篳篥は、地下《じげ》の安倍家が楊梅家に代わって奉仕するようになります。

平松家は、篳篥の名手であった藤原定能《さだよし》以来、鎌倉・室町時代を通して篳篥を家業としました（その間は「二条家」と称しています。五摂家《ごせっけ》や歌道家《かどうけ》にも「二条家」が存在するため、本書では「平松家」に統一します）。資継《すけつぐ》までは、御神楽の拍子として参仕しています。

しかし資継が寛正五年（一四六四）七月三十日に亡くなると、子の資冬《すけふゆ》は内侍所御神楽に参仕しなくなります。もっとも、篳篥の奏者としては活動しており、文正元年（一四六六）の清《せい》暑堂御遊《しょどうぎょゆう》には参仕しています。また資冬は、文明十年（一四七八）の甘露寺元長の楽奏始《がくそうはじめ》に参加しているほか（『親長卿記』文明十年二月六日条）、文明十四年（一四八二）の元日節会《がんじつせちえ》の習礼《しゅらい》でも箏箏を奏しました（『親長卿記』文明十四年正月十四日条）。

ただし資冬は、禁裏小番に加えられていたものの、窮困によって丹波の知行国《ちぎょうこく》に滞在したために、延徳元年（一四八九）までの長年にわたって内裏に出仕していませんでした（『宣胤卿記』延徳元年三月十六日条）。さらに次の資遠《すけとお》になると、朗詠《ろうえい》を習ってはいるものの、経験の浅いことが指摘されています（『二水記』大永二年正月三日条）。そして、その子の資澄《すけずみ》に至って、平松家は断絶しました。

## 綾小路邸の火災と文書・楽器の焼失

ここまでみたように、内侍所御神楽の拍子を務めた家は、応仁の乱までに所作人を出せなくなります。しかし綾小路家は、応仁の乱の中にあって、有俊から俊量へ家業が引き継がれました。それでもほかの公家と同じく、あるいはそれ以上に綾小路家も窮困に苦しんでいたのです。

綾小路家の場合は、何度も火災に見舞われました。すでに応永三十二年（一四二五）、信俊の綾小路邸が火災に遭っています。このときは累代《るいだい》楽器、文書は救出されて無事でした（『看聞日記』応永三十二年八月十四、十五、十六、十七日条）。しかし宝徳元年（一四四九）の火災は深刻で、有俊自身が次のように語っています。

先々月でしょうか、土御門万里小路《つちみかどまでのこうじ》の邸宅が炎上したとき、書籍の大半が焼失し、第一累代名物の和琴も同じく焼けてしまいました。一条東洞院《ひがしのとういん》の西南の角の敷地に新居を建設する計画です。内裏から御訪《おとぶらい》（必要経費の献金）一〇〇〇疋《ひき》が下賜されました。

（『康富記《やすとみき》』宝徳元年閏十月九日条）

有俊は、この火災によって書籍の大半と名器の和琴を失いました。家伝の記録類や楽器の焼失は、公家の家を守っていくべき支柱を失うことを意味しました。血統の断絶は、養子で回避できましたが、文書類の断絶は、家の断絶につながりかねない大事だったのです。それだけに宝徳元年の火災は、綾小路家の存亡にかかわる事件でした。

文正元年（一四六六）十二月、後土御門天皇の大嘗会《だいじょうえ》が行われました。大嘗会伝奏《てんそう》（実務責任者）には、甘露寺親長が任じられます。大嘗会の清暑堂《せいしょどう》御神楽は、本拍子が有俊、末拍子が四辻季経でした（『続史愚抄《ぞくしぐしょう》』文正元年十二月二十日条）。この大嘗会の前、有俊たち所作人は御訪の額をめぐって親長と厳しい交渉を重ねています。

綾小路有俊が来て、郢曲の件について臨時御訪を一〇〇〇〇疋下賜してほしいと言った。書状の文言に不審な箇所があるので改め直した。

（『親長卿記』文正元年七月二日条）

有俊は、大嘗会伝奏の甘露寺親長に対して、一〇〇〇〇疋の臨時御訪を要求しました。また翌月は、後花園院のもとを訪れて、御訪の催促をしています。

後花園院の御所に参る。（中略）綾小路有俊が来て、先日申し入れた御訪の件について、ぜひとも下賜するとおっしゃっていただきたいなどという。院は、幕府に申し入れて、追って返事があるだろうとおっしゃる。まだ幕府には伝えていないとおっしゃった（雑談で出た話では「永享の大嘗会では、殿上人の清暑堂御神楽は、禄が下賜されなかった」という）。

（『親長卿記』文正元年八月三日条）

永享二年（一四三〇）の後花園天皇の清暑堂御神楽では、殿上人に禄は支給されなかったようです。つまり有俊は、先例にない御神楽の御訪について、事前支給を強く催促していたのです。有俊は、その後も親長に対して大嘗会の御訪をたびたび催促しています（『親長卿記』文正元年八月三十日条、九月十七日条、十八日条、二十二日条）。有俊に限らず、四辻季春など郢曲の所作人は、御訪が遅れていることを理由に、院拍子合《いんのひょうしあわせ》の出仕を渋りました（『親長卿記』文正元年十一月十四日条）。まだ応仁の乱前でしたが、すでに公家の多くが窮困し、必要経費の事前支給がなければ、大嘗会の参仕が難しくなっていたのです。ようやく有俊のもとに御訪五〇〇疋が届いたのは、十二月六日でした（『親長卿記』同日条）。

このように綾小路家の窮困は、応仁の乱前から深刻でした。すでにⅡでも触れたように、応仁元年（一四六七）にも綾小路邸は西軍の攻撃によって焼亡しました（『宗賢卿記』応仁元年九月十三日条）。文明四年（一四七二）二月の内侍所遷座による御神楽にあたっては、俊量が山科家より用務に必要な道具を借り出すなど、奉仕に必要な支度にも事欠く有様でした（『山科家礼記』文明四年二月六日条）。さらに文明十年（一四七八）に発生した火災では四辻、綾小路邸などが炎上し、綾小路家は再び郢曲の文書をことごとく失いました（『晴富宿禰記』文明十年十二月二十六日条）。この火災で両家が参内できなくなったため、この年の内侍所御神楽は停止されました。

文明十年、すでに出家して「有播《ゆうはん》」、「楽林軒《がくりんけん》」と称した有俊は、加賀、越前を巡って朝倉孝景の館に百日以上滞在し、援助を受けました（『晴富宿禰記』文明十一年正月十六日条）。当時の公家は、地方の裕福な戦国大名を頼って下向する者が多く、有俊も朝倉の支援を期待して越前に入ったのでした。ちなみに翌文明十一年（一四七九）八月二十三日には、八十歳近い一条兼良《かねよし》も越前を訪れて、朝倉孝景の歓待を受けています。これは、子の冬良の右大臣拝賀の資金を得るためでしたが、すでに当時から「末代之恥辱《まつだいのちじょく》」（『晴富宿禰記』文明十一年八月二十三日条）と非難されるようなふるまいでもありました。

## 綾小路有俊の権威

有俊は、御神楽の拍子の所作人だけでなく、王朝時代以来相伝を重ねてきた神楽歌の秘曲の継承者でもありました。すでに触れたように、永享十年（一四三八）十二月二十日、有俊は神楽歌の秘曲のひとつである「弓立」を洞院実熙に伝授しています（『看聞日記』同日条）。

延徳二年（一四九〇）十二月の内侍所御神楽では、次のようなことがありました。

内侍所御神楽の第三夜である。（中略）あとで聞いたところで、神楽歌「昼目曲《ひるめ》」を今回うたわせようとしたところ、四辻季経は思うところがあって、綾小路俊量から伝受することに同意しなかった。「直接楽林軒《がくりんけん》（綾小路有俊）から伝受したい」という。そうはいっても「楽林軒は僧侶なので事情を汲むように」といったそうだ。しかし「洞院実熙は、出家後もこのようにこの曲を伝授された。やはり楽林軒から（伝受したい）」と季経が望んだ。その一方で、俊量もまた申すことがあったのか、重大な問題だということになり、そのときになって「（「昼目」を）うたってはならない」という後土御門天皇のご命があったという。残念なことである。

（『実隆公記』延徳二年十二月十三日条）

三ケ夜《みかよ》内侍所臨時御神楽の第三日に、神楽歌「昼目」を季春の子の季経がうたうことになりました。特別な曲である「昼目」について、綾小路俊量から伝受するようにと命じられましたが、季経は父の有俊から伝受することを求めて譲らず、結局「昼目」はうたわれなかったというのです。出家後も有俊が、御神楽の権威であったことが解ります。

## 綾小路俊量の憂鬱

綾小路家は、所領の有名無実化や戦乱だけでなく、たび重なる火災によって衰退の一途をたどりました。文明十八年（一四八六）三月二日、中院通秀のもとを訪れた有俊は、次のように語りました。

夜になって綾小路有俊がやってきた。彼の子の俊量が、窮困のために出家をするというのである。そのあらましを訴状にまとめて、公家の協議の場に遣わしたいので、草案を書き与えた。郢曲の道が断絶する原因である。嘆いて余りあるところだ。

（『十輪院内府記』文明十八年三月二日条）

有俊は、子の俊量が窮困のために出家を望んでいると語りました。家の維持を断念して、積極的に断絶の道を選ぼうとしたのでしょう。記主の中院通秀は「郢曲の道が断絶する原因（郢曲道断絶之基）」と深く憂慮しています。

図10　綾小路俊量和歌短冊（中本架蔵）

同じ月の二十三日、内侍所臨時御神楽が行われました。実施に先立って、後土御門天皇は「この一、二年は御神楽が行われていなかったが、禁裏御料から年貢が届いたので、御神楽を実施せよ」と甘露寺親長に指示しています（『親長卿記』文明十八年三月十六日条）。その上で、俊量に対しては、御訪（必要経費の献金）は下賜できないが、所作はするようにとの指示がありました。

しかし翌日になって、俊量から次のような書状が親長のもとに届きました。

俊量が書面で申し送ってきたことには「御神楽の御訪のことを勾当内侍《こうとうないし》に尋ねましたところ、ご下賜はないとのことでした。申すことがあれば奉行を通して申せとのお言葉ですので、つまるところは三〇〇疋のご下賜がなければ参上できません」という。そこで甘露寺元長を天皇に遣したところ、天皇は「この間は景兼《かげかね》の件があって、まだ許されていない段階で、このようなことを申すのは全く理解できない。どうすべきであろうか。また詳細は申し伝えるが、実にもって御訪はかなうはずがない。そのように伝えよ」とおっしゃられて、大変なお怒りである。そして「御神楽を延期すべきか、検討せよ」とおっしゃられたそうである。しばらくあって女房奉書《にょうぼうほうしょ》が下されて「御神楽の件につきまして、山科言国《やましなときくに》に詳細を伝えて延期すべきかとお考えになられましたが、あまりにご無念でいらっしゃるので、四辻季経《すえつね》に権中納言の拝賀をさせて参内するようにとおっしゃられました（慣例に従って御訪を下賜されました）。すでに領状《りょうじょう》（承知の返信）がありました。この上は、御神楽の実施を決定せよとおっしゃられました」とあった。全くめでたいと申し上げた。

（『親長卿記』文明十八年三月十七日条）

俊量は書状をもって、内侍所臨時御神楽の御訪が三〇〇疋支給されなければ参仕できないと訴えました。実は、この直前に地下楽人の山井景兼が、所領をめぐる相論で虚偽の奏上を行うということがありました。その取次ぎをしたのが俊量で、後土御門天皇の怒りは俊量にも向けられていたのです（『親長卿記』文明十八年三月十日条）。その上での俊量のこの態度は、火に油を注ぐようなものでした。俊量の申し入れを聞いた天皇は激怒し、御神楽の延期を考え始めました。しかし四辻季経（季春の子）が参仕することになって、予定通りの実施が決められます。

一方、俊量の行動に驚いた父有俊は、親長を通して後土御門天皇に手紙を送りました。しかし天皇は読まずに突っ返して、親長を驚かせています（『親長卿記』文明十八年三月十八日条、十九日条）。今回は、御訪は下賜されないという条件でしたが、そもそも本来の俊量の御訪は一〇〇疋でしたので、通常の三倍の額を要求していたのです。当時の俊量は、出家を望むほど窮困しており、御訪の下賜がなければ出仕が困難なほどに追い詰められていたのでしょう。まさに貧すれば鈍するという言葉がふさわしい俊量の言動です。

少し時代が下って永正四年（一五〇七）十二月二十一日、予定されていた内侍所御神楽が突如延期になりました。

今夜は内侍所御神楽である。中山康親《やすちか》が申沙汰《もうしさた》（実務責任者）である。準備が進められていたところ（和琴の所作人として参仕した）陪従代《べいじゅうだい》の豊原衆秋《とよはらもろあき》（楽人である）が参仕する件について、俊量は「和琴の所作人は、四辻公音《きんおと》である」と主張した。「このことは欠かすことができないにもかかわらず、お役目につけないのならば、命を捨てる覚悟です」と衆秋が申した。この件が深夜まで問答が続き、俊量は最後まで納得しなかったので、ついに御神楽は行われなかったという。言語道断のことである。ただの個人的な恨み（衆秋の和琴の師は俊量である。師匠に対して内々の礼がなかったのである）で、特に取り上げるべき問題ではないという。どうして天皇の命に従わないことがあろうか。神慮からいっても、それぞれの所作人の参仕からいっても、けしからんことである。神前の儀はすでに用意されており、各役所の者たちもそれぞれ参仕していたので、天皇の内侍所行幸と参拝も行われたのだ。

（『宣胤卿記』永正四年十二月二十一日条）

この晩、和琴の所作人として参仕した衆秋に対して、俊量は現場で異議を唱えたのです。俊量が衆秋を退けようとしたのは、和琴の師である俊量に対して衆秋が礼を欠いたからであると記されています。

おそらく以前、衆秋は内侍所御神楽の和琴の所作人となるために、俊量から和琴を習っていたのでしょう。しかしその礼（つまり礼銭《れいせん》）を俊量に果たさなかったというのです。衆秋が和琴の所作人として内侍所御神楽に参仕したのは永正二年（一五〇五）三月でしたので（『二水記』永正二年三月八日条）、俊量から和琴を習い終えたのはそれ以前です。長年にわたって伝授に対する礼金を支払わなかった衆秋に対して、俊量は深く恨みをつのらせていたのです。

この背景には、二人の懐具合を考える必要があります。俊量が衆秋に和琴を教えたのは、伝授に対する礼銭が目的であったはずです。一方の衆秋の生活も苦しかったはずで、礼銭を払いたくても、その金を用意することが難しかったのでしょう。二人とも生活が窮困していたために、和琴伝授をめぐる金銭トラブルが、朝儀を巻き込んだ大騒動に発展したのでした。この事件は、後柏原天皇の逆鱗に触れました。内侍所御神楽延期の理由を作った俊量は、以後の御神楽参仕だけでなく、禁裏小番も停められています。もう一方の衆秋は、翌年に横死しました（『実隆公記』永正五年六月二十三日条）。

このようにみてくると、俊量は無分別な拝金主義者のようにみえるかもしれません。彼がなりふり構わず金策に奔走したのは事実ですが、それほどまでに家の維持に全力を尽くしたのだともいえます。そもそも有俊も俊量も、音楽は当然のこととして、和歌や連歌にも才能を発揮した文化人、教養人でした。特に俊量は『綾小路俊量詠百首和歌』（宮内庁書陵部蔵）という自筆歌集も残しているほどです。文亀二年（一五〇二）四月には出奔しようとした俊量を、後柏原天皇がみずから思いとどまらせています（『実隆公記』文亀二年四月二十三日条）。崇光流皇統

図11　永楽通宝（中本架蔵）

の天皇家にとって、綾小路家は代々の近臣でしたので、決しておろそかに扱っていたわけでありませんでした。それでも家の維持が難しいほど、綾小路家の窮困は深刻化していたのです。

## 綾小路家の断絶

綾小路俊量は、永正十一年（一五一四）五月に六十四歳で引退し、九月二十八日に出家しました。そして同十五年（一五一八）七月十日、六十八歳で亡くなりました（『公卿補任』）。生涯窮困に苦しんだ俊量でしたが、家の維持は全うしたのです。次は、俊量の子の資能《すけよし》をみていきましょう。

資能の音楽的出発は、非常に華やかなものでした。永正二年（一五〇五）八月二十三日の月《つき》次《なみ》楽会において、鶴寿丸《かくじゅまる》（のちの資能）が朗詠を奏し、天才的な技能を示したというのです（『二水記』同日条）。さらに同月三十日には、残楽《のこりがく》を奏して後柏原天皇を感動させています（『二水記』同日条）。そして翌永正三年（一五〇六）からは内侍所御神楽に参仕するようになり（『宣胤卿記』永正三年十二月二十九日条）、拍子の役も務めました。以後、内侍所御神楽の参仕を続けていきます。

しかし父俊量が没してからは、資能の郢曲の実力は急速に下がっていったようです。大永二年（一五二二）正月二日、殿上淵酔《てんじょうのえんずい》が再興されました。朗詠などのさまざまな芸能が行われる中で、今様もうたわれています。臨席した鷲尾隆康《わしのおたかやす》は、次のように記しました。

今様の件は、父の季経が老化のために失念してしまわれた。この道の先達となる人がいないためである。資能は今様を伝受しているが、稽古をしていないので、今様を知る人がいないのだそうである。この件を内々に伺い申し入れたところ、天皇は「殿上淵酔の再興がかなったときに、今様がないのは不適当である。身のほどを勘案して我慢し、今様をうたってくれ」とおっしゃられた。そのためおおよそ季経が我慢して、このたびこの儀があったのである。郢曲の道の衰退には嘆息せざるをえない。

（『二水記』大永二年正月二日条）

資能は今様を伝受していたにもかかわらず、稽古せずうたえなかったのです。隆康は、郢曲の道が衰退していくと嘆きました。そして翌大永三年（一五二三）十二月九日、綾小路資能は出仕を止められ、行方をくらましてしまいました（『二水記』同日条）。こうして戦国時代まで宮廷音楽の中心にあった綾小路家は、資能に至って事実上断絶したのでした。

慶長十八年（一六一三）になって、五辻之仲《いつつじこれなか》の子の高有《たかあり》が綾小路家を再興しました。江戸時代まで九十年間も途絶えていたのですから、もはや元の綾小路家とは別の家とみるべきでしょう。長きにわたって御神楽の拍子を勤めた綾小路家の断絶によって、内侍所御神楽（特に臨時御神楽）は催行不能になる可能性もありました。しかし実際は、綾小路家断絶後も内侍所御神楽は継続していくのです。

## 四辻季春の活躍

多くの公家が没落し、内侍所御神楽から離脱する中にあって、逆に御神楽に関わるようになるのが四辻季春でした。季春というと、禁闕の変で後花園天皇を命がけで守った公家です。ここからは季春と、その一族の活動をみていきましょう。

季春の内侍所御神楽参仕は、宝徳三年（一四五一）正月から確認できます。

今日は内侍所御神楽である。

昨冬は、後花園天皇の五体不具穢《ごたいふぐえ》（触穢《しょくえ》のひとつ）のために延期された。綾小路有俊、平

松資継、四辻季春らが参仕したという。　（『師郷記』宝徳三年正月二十九日条）

綾小路有俊、平松資継とともに季春の名前がみえます。それぞれの役は示されませんが、この時期の例に従えば、本拍子有俊、末拍子資継と思われますので、季春は付歌を勤めたのでしょう。

そもそも四辻家は、箏《こと》を家業としましたが、箏は御神楽に使用されません。そのため内侍所御神楽に四辻家の公家が参仕した例はなかったのですが、なぜここに来て季春は、その所作人に加えられたのでしょうか。やや下った時期の史料になりますが、永正二年（一五〇五）に次のような記事があります。

晩になって、私（三条西実隆）は参内した。常御所《つねのごしょ》において、少しばかり酒を飲んだ。そのあとお召しがあって後柏原天皇の前に参上した。数時間、歴史や故実に関するお物語があった。鷲尾隆康が昨日、御神楽に初めて参仕したことは、かねてより天皇がお決めになっていたところである。とても大切なことである。故四辻季春の件は、洞院実熙に取り計らわせて、郢曲の稽古は詳細などについて後花園天皇がお命じになったのである。非常にすばらしいことですと申し上げた。

（『実隆公記』永正二年三月九日条）

この記事によると、季春は洞院実熙から郢曲の稽古を受けたことが判ります。また季春の内侍所御神楽参入と、実熙からの伝受は、当時の後花園天皇の命であり、孫の鷲尾隆康についても先例を踏襲して後柏原天皇が命を下したのでした。

文安二年（一四四五）の内侍所御神楽を最後に、洞院実熙は所作人から外れます。実熙が内大臣に昇った文安三年（一四四六）、子の公数は幼少でした。御神楽の所作人を務めるにはまだ早いため、同じ西園寺家庶流で箏を家業とする四辻家から、音楽に才能のある季春が内侍所御神楽の所作人に選ばれたのでしょう（結果論ですが、公数は音楽の心得はあったものの、内侍所御神楽に参仕しませんでした）。洞院家の御神楽の家業は、実熙で断絶したのです。また少し下った時期ですが、文明七年（一四七五）の勝仁《かつひと》親王（のちの後柏原天皇）の御箏始《おんことはじめ》においても、没落した洞院家に代わって、季春が師範を務めています（『親長卿記』文明七年四月二十日条）。これも季春が、洞院家の後継に入った例です。

すでにみてきたように、長く内侍所御神楽の所作人を出してきた家の没落は、洞院家に限りませんでした。代わりに別家の公家が入らなければ、御神楽は維持できなかったのです。御神楽、音楽に限らず、それまでの家柄や家業のみにこだわる時代は終わろうとしていました。

さらに享徳三年（一四五四）十二月、長く拍子を務めた平松資継が、この内侍所御神楽を最後に所作人から外れました（『師郷記』享徳三年十二月二十日条）。翌康正元年（一四五五）十二月の内侍所御神楽は、次のように行われました。

今夜は追儺《ついな》が終わったあと、内侍所御神楽があった。奉行は、武者小路資世《むしゃのこうじすけよ》である。先に恒例御神楽である。次に臨時御神楽があった。綾小路有俊、四辻季春らが所作に参じたという。私は追儺が終わって夜明けになったので、早くに退出し、御神楽の儀は見物しなかった。

（『康富記』康正元年十二月二十九日条）

季春は、綾小路有俊とともに内侍所御神楽に参仕しています。どの楽器を所作したのかは不明ですが、その後の記録に確認できる限り、季春は拍子以外の楽器を担当したことはありませんので、このときも拍子（おそらく末拍子）をとったと考えられます。

応仁の乱によって内侍所御神楽が中断し、文明四年（一四七二）の新造と遷座で再開したことは、すでにⅡでみた通りです。その御神楽の所作人は、季春と俊量らであったようでした。

さらに、詳細はⅤで紹介しますが、恒例行事としての内侍所御神楽の再開にあたっても、季春が本拍子をとっています。すでに有俊が出家し、まだ俊量が若い時期でしたが、季春が御神楽の第一人者になっているのです。

## 四辻一族の御神楽所作

文正元年（一四六六）の後土御門天皇の清暑堂御神楽では、本拍子を綾小路有俊、末拍子を季経がとっています（『続史愚抄』文正元年十二月二十日条）。すでに応仁の乱勃発までに四辻家は、季春・季経父子のわずか二代で、綾小路家に並ぶほどの御神楽の家となったのです。やがて綾小路家が断絶すると、四辻家が内侍所御神楽の中心的な家柄になりました。

さて、拍子で活躍した四辻家庶流に対して、嫡流はどのような様子だったのでしょうか。庶流の活躍に比して、嫡流の音楽活動、特に内侍所御神楽に対する姿勢は積極的ではありませんでした。応仁の乱勃発によって、後花園院、後土御門天皇が室町殿に避難すると、仙洞《せんとう》御所と内裏は留守になりました。仙洞御所の留守を委ねられたひとりが、嫡流の実仲《さねなか》でした。しかし西軍が仙洞御所を占領すると、実仲は西軍側についてしまいます（『尋尊大僧正記《じんそんだいそうじょうき》』文明元年十月八日条)。後土御門天皇からは東軍側に参じるように命じられますが、実仲はその命を無視しました。そのため応仁二年(一四六八)十二月に権中納言の地位を解かれています(『公卿補任』)。

解官《げかん》から二十年後の長享二年(一四八八)、ようやく実仲は内侍所御神楽の所作人に選ばれました。もう六十二歳という高齢です。

明後日、内侍所御神楽があるという(臨時の御願である。去年の御神楽は今まで実施されなかった。女院のご祈禱であろうか)。実仲の和琴所作のために習礼《しゅらい》があった。楽林軒(綾小路有俊)を実仲邸に招いて習礼があった。

(『実隆公記』長享二年三月九日条)

実仲は初めての参仕となるため、和琴を法体の綾小路有俊から習得しています。その後、実仲は和琴で御神楽に奉仕を続け、永正二年(一五〇五)の内侍所御神楽が最後になったようです(『実隆公記』永正二年三月八日条)。そして永正八年(一五一一)十二月十七日に八十五歳で没しました(『公卿補任』)。

四辻家嫡流は実仲で途絶え、庶流の季経の子である公音《きんおと》が養子に入りました。嫡流は庶流に吸収されることになり、四辻家は御神楽の拍子だけでなく、和琴も担うようになったのです。さらに公音の弟である隆康《たかやす》、範久《のりひさ》も御神楽で活躍していきます。

## 鷲尾隆康の内侍所御神楽所作

鷲尾隆康は、四辻家から鷲尾家に養子に入って、特に御神楽の拍子で活躍しました。永正二年（一五〇五）三月五日、隆康は初めて内侍所御神楽に参仕しました（『実隆公記』同日条）。その直前、彼は綾小路俊量から神楽を伝受しています（『二水記』永正二年三月一日条）。隆康が養子に入った鷲尾家は御神楽に関わる家ではありませんでしたが、すでに触れたように、後柏原天皇の勅命によって相伝が行われました（『実隆公記』永正二年三月九日条）。実家の四辻家の家業を受け継ぐ形で、鷲尾家も御神楽を家の芸としたのです。隆康の父である季経も拍子を勤めていましたので、実父から習うのが普通でしょうが、実際には俊量から伝受しているのが注目されるところです。綾小路家当主から伝受することに意義があったと考えるべきでしょう。

それ以来、隆康は内侍所御神楽の拍子を多く務めました。彼の日記『二水記』には、御神楽の記述が豊富で、戦国時代の内侍所御神楽の様子が詳しく判ります。また所作人の配置を記した指図《さしず》（図12参照）が多いのも特徴です。

また歳を重ねるにつれて、隆康は若手に対する指導も熱心に行うようになります。大永六年（一五二六）正月二十一日、庭田重親《にわたしげちか》邸で御神楽の習礼が行われました（『二水記』同日条）。内侍所御神楽は二日後の二十三日に行われましたが、この日が庭田重親の初参だったのでした（『二水記』同日条）。ちなみに庭田家は、綾小路家と同族でしたが、それまで御神楽には参仕していませんでした。重親は、特に笛で奉仕していきます。

さらに隆康は、享禄元年（一五二八）実弟の高倉範久に神楽を伝授しました。しかも、この伝授は後奈良天皇の勅命によって行われたのでした。

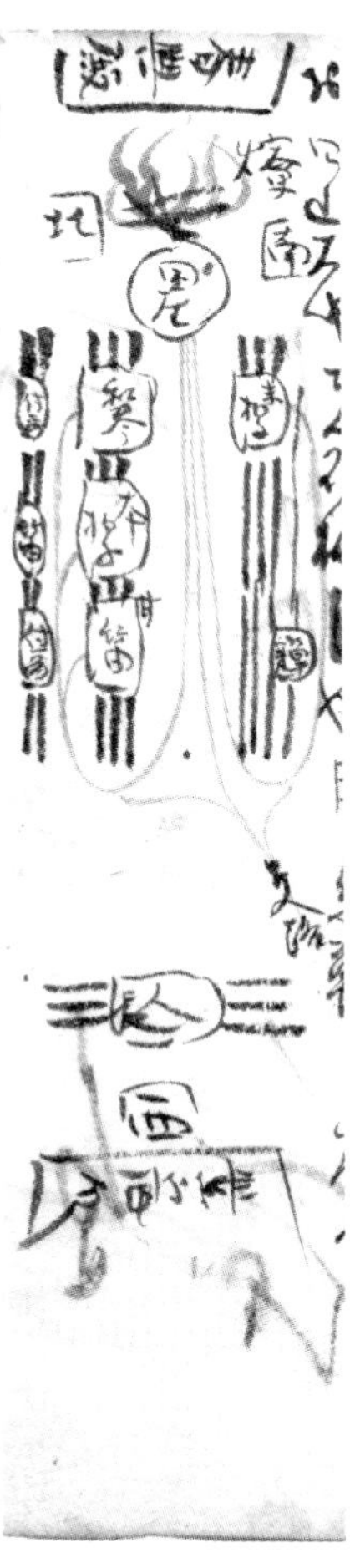

図12　鷲尾隆康筆『二水記』（内閣文庫蔵、古018-0358）

早朝、高倉範久邸に行き、神楽を伝授した。私が師範となることは、事情が理解できないわけではないが、神楽の家ではなく、自分には分不相応な行為である。しかし現在、適当な人材がいない上に、私の実父四辻季経が音楽の家の者で、優れた楽人であったので、またその縁がないわけではないのだろうか。範久が神楽を伝受する件は、これまた常識では考えられないかもしれない。そうはいっても、実父のおかげによる吉事でもって伝習せよとの天皇のご命である。今日の相伝は、まずもって非常にめでたいことである。神楽歌「庭火」より先を授けた。終わって盃を交わし家に帰った。

（『二水記』享禄元年九月十九日条）

隆康に伝授が命じられたのは、大永三年（一五二三）に綾小路家が断絶した影響でしょう。もはや綾小路家から御神楽を習いたくても、師となるべき者はいなくなっていたのです。後奈良天皇は、内侍所御神楽を絶やさないためにも、家柄にこだわらず伝授を実行させました。相変わらず公家社会は窮困しており、朝儀のための人材は不足していました。もはや家柄や家業の先例を踏襲するような余裕はなく、天皇の近臣があらゆる分野を担当する必要があったのでした。

享禄元年十二月二十一日には、隆康は範久に対する伝授を完了し、奥書《おくがき》を与えました。

> 早朝、高倉範久に神楽の曲を伝授し終えた。そのまま奥書を与えた。奥書の書式は次の通り。
>
> 神楽曲星三首、令伝授高倉給事中者也、
>
> 享禄元年十二月廿一日　正二位藤原隆康（花押）
>
> （『二水記』享禄元年十二月二十一日条）

そもそも奥書とは、写本の末尾に記される年月日や由来などを示しますが、諸種の芸能の奥義を伝授する時に、師匠が門弟に授ける証文のこともいいます。通常、伝授には金銭や金品の授受がともないました。

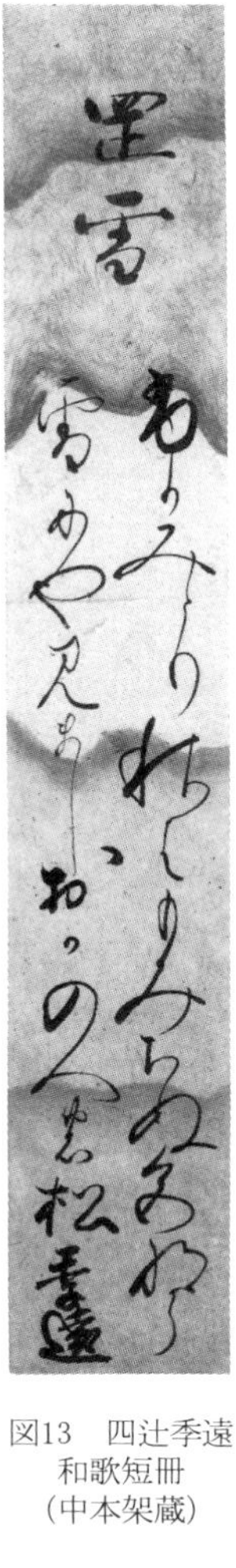

図13　四辻季遠和歌短冊（中本架蔵）

この年の十二月二十七日、隆康は実家の四辻公音邸を訪れて、甥の季遠《すえとお》に対して御神楽の習礼を行っています（『二水記』同日条）。この季遠は、大永元年（一五二一）に九歳で楽を習い始めました（『二水記』大永元年十二月二十八日条）。さらに大永六年（一五二六）三月十日に習礼を行ったあと、十一日の月次御楽《つきなみおんがく》に参仕して、隆康に「才能がある」と称賛されています（『二水記』同日条）。その後、季遠は四辻家当主として、戦国時代の内侍所御神楽で拍子を務めていくことになります。

話を享禄元年に戻しましょう。十二月二十八日には、高倉範久邸で内侍所御神楽の習礼が行われました（『二水記』同日条）。そして翌二十九日に御神楽が催行されました。

> 今夜は内侍所御神楽である。（中略）笛、篳篥の召人が曲を奏した。終わって和琴が召された。季遠（これより先に多久氏《おおのひさうじ》が和琴を置いた）が参り進んで曲を奏した。初参だったが過失はなかった。素晴らしく感心なことである。本方の座に着いて「寄合《よりあい》」を奏した。次に範久が参り進んで曲をうたった。調子や節などに間違いはなかった。これまた素晴らしく感心である。実父のおかげによる吉事というべきだが、今夜はこの二人（季遠・範久）は初参なのである。兄弟三人、以上四人（公音・隆康・範久・季遠）が参仕することは、お

およそめったにないことではないか。たいそう傍若無人なふるまいで、恐ろしいやら、悦ばしいやら。

（『二水記』享禄元年十二月二十九日条）

この内侍所御神楽では、四辻公音、鷲尾隆康、高倉範久、四辻季遠が所作人として参仕しました。隆康より神楽歌を伝受した範久、季遠は、その後の戦国時代の内侍所御神楽において何度も拍子を勤めました。

長く内侍所御神楽の拍子を担った洞院家、平松家、さらに綾小路家が没落し断絶しても、なお御神楽が継続したのは、四辻家とその一族をはじめとする公家が、拍子を習得、継承したからでした。それまでは一部の家に独占されていた所作人の役が、他家の公家に広がっているのです。そして戦国時代から江戸時代にかけて、さらに多くの家が御神楽に参入し、再興した家とも協力して、内侍所御神楽を維持していくことになるのです。

# V 内侍所臨時・恒例御神楽の再興

## 文明五年正月の内侍所御神楽をめぐる動き

応仁の乱によって、すべての朝儀が停止される中にあって、文明六年（一四七四）内侍所臨時・恒例御神楽が催行されました。行事の実務責任者（申沙汰《もうしさた》）に任じられたのは、まだ二十歳にもならない甘露寺《かんろじ》元長《もとなが》でした。元長の父の親長は、若い元長を支えながら御神楽の再興に尽力しました。ここからは親長の日記である『親長卿記《ちかながきょうき》』から、再開をめぐる動きを追っていきましょう。

文明五年（一四七三）正月七日、早くも内侍所御神楽再開に向けた動きがみられます。親長は、内蔵頭《くらのかみ》山科言国《やましなときくに》の被官《ひかん》大沢久守《おおさわひさもり》を呼んで、天皇の装束について相談しました。天皇が御神楽に出御するための装束ですので、内侍所参拝も計画されていたのです。ただし親長と久守との間では、装束の制作費用がまだ届いていないことなども話されています。朝儀にかかる費用は、すべて室町幕府が負担しましたが、すでに応仁の乱前から幕府の献金は遅れがちでした（『師郷記《もろさとき》』享徳元年十二月三十日条）。

十五日、親長は元長をともなって参内しました。後土御門天皇は、元長に対して御神楽の期日を質問しています。この日は、風記《ほのき》という文書も到着しました。内侍所御神楽の期日は、陰《おん》陽師《みょうじ》による占卜《せんぼく》によって候補日が示されました。候補日は三日ほどあげられ、風記によって上申されます。その候補日をみた上で、ほかの朝儀や忌日などとの兼ね合いを検討しつつ、最終的に天皇が期日を決めました。風記の上申があったということは、そう遠くない時期に内侍所御神楽が行われることを意味します。遅くとも一ヶ月以内に御神楽を催行する心づもりであったはずです。

この一年前、文明四年（一四七二）二月には、内侍所遷座にともなう御神楽が行われました。天皇は室町殿に滞在したままでしたが、内侍所仮殿は建設されており、何より御神楽を催行したという実績があります。『親長卿記』には書かれていませんが、文明四年の内侍所御神楽を先例と位置づけ、その一年後に恒例行事として継続させようとしたのでしょう。ほかの朝儀が全く再開できない状況にあって、内侍所御神楽をめぐる動きは非常に迅速です。応仁の乱は、文明四年より和睦交渉が始まっていましたが、特に朝倉孝景が東軍についたことをきっかけに、東軍優位に変わっていました。幕府と朝廷をめぐる戦況の好転が、内侍所御神楽再開を後押ししたことも考えられます。

話を文明五年正月に戻すと、十八日、今度は掃部頭《かもんのかみ》で大外記《だいげき》の中原師富《もろとみ》が、甘露寺邸を訪れました。内侍所が室町殿の仮殿で、土御門東洞院内裏の春興殿《しゅんこうでん》（内侍所）とは建物の寸法が異なるため、天皇をはじめとする人々の座について相談に来たのです。内侍所御神楽において、座を整えるのは掃部寮《かもんりょう》の業務でした。それを受けて二十二日には、親長が広橋綱光らとともに内侍所仮御殿の扉を開いて、実地の見分を行っています。『親長卿記』には、同日の指図（図14参照）が書き残されています。

このように御神楽の準備は進められたものの、結局この機会には催行に至りませんでした。『親長卿記』には、その理由は特に記されていません。

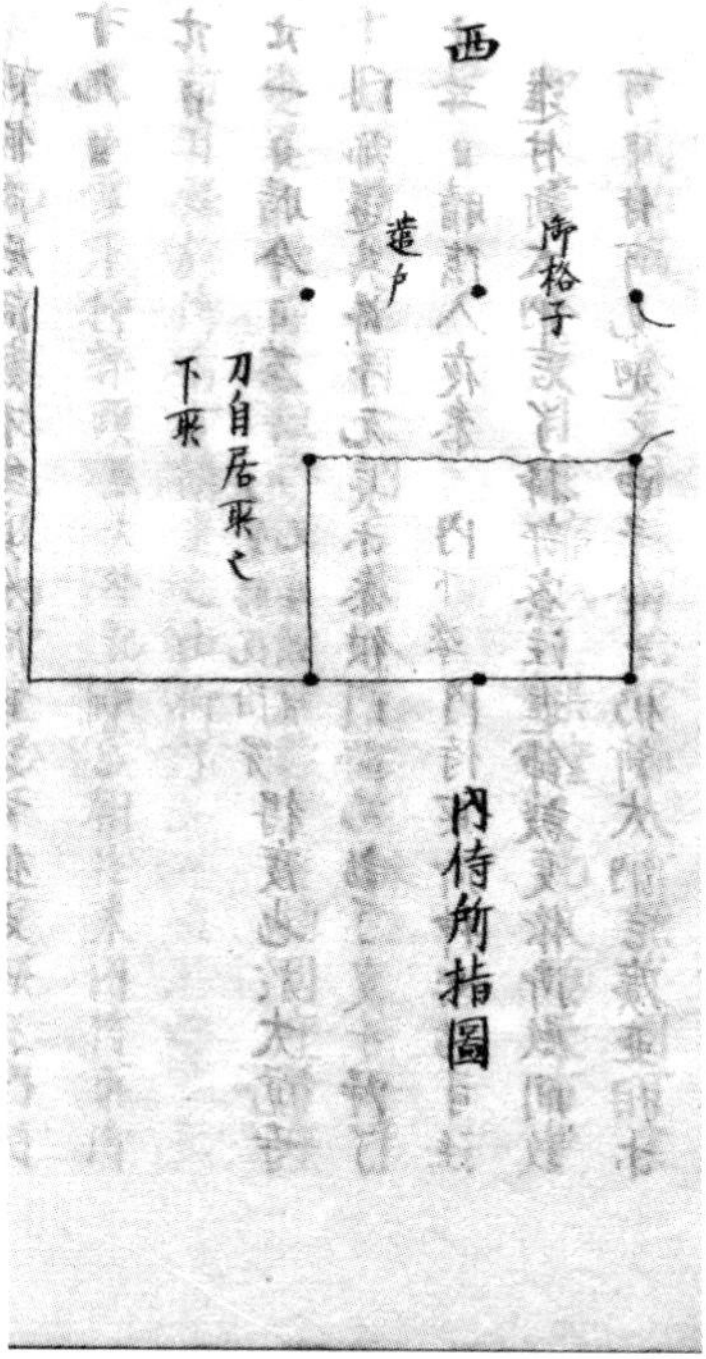


図14　紅葉山文庫旧蔵『親長卿記』
（内閣文庫蔵、162-0230）

## 文明五年十二月の内侍所御神楽をめぐる動き

文明五年、山名宗全が三月十八日に、細川勝元が五月十一日に相次いで没しました。さらに講和に向けた機運の高まる中で、十一月より内侍所御神楽に向けた動きが確認できます。引き続き『親長卿記』を通してみていきましょう。

十一月二十六日、今度は親長が申沙汰を務めることとなり、内侍所御神楽に向けた実務に当たりました。十二月三日には、後土御門天皇より御神楽の期日に関する下問があり、親長は今月中旬から下旬あたりと返答しています。その上で、二十一日から二十七日までは御看経《おかんきん》が行われるため、その前後が望ましいとしています。翌四日には、陰陽頭の賀茂在通《ありみち》が軽い服喪であったために、土御門有宣《ありのぶ》に対して、内侍所御神楽の期日を選ぶト定を命じています。土御門家は、安倍晴明を祖とする公家の家柄で、陰陽道を家学としていました。前日の天皇との協議を受けて、二十日以前または二十七日以後で、その期日を選ぶように指示しています。

さらに翌五日には、御神楽のことについて広橋綱光と相談しています。広橋家は武家伝奏を家業としており、綱光は当時ただひとりの武家伝奏でした。武家伝奏とは、天皇家と足利将軍家の交渉を担当する公家のことです。当時、天皇と将軍は同じ敷地内で生活していましたが、普段は直接顔を合わせることはなく、交渉事はすべて武家伝奏を通して行われました。翌日、綱光は将軍義政のもとを訪れるので、親長も同席させて、御神楽に関して協議することになりました。

六日は、まず綱光が幕府との協議の前に、後土御門天皇のもとを訪れました。綱光は「刀自《とじ》三人の御訪《おとぶらい》、女孺《にょじゅ》の御訪、笛の山井景康《やまのいかげやす》の御訪は、朝廷よりお出しになられるべきでしょうか。幕府に依頼するのは難しいでしょう」と進言したので、天皇は「まだ費用がないのだから、その到着を待ってから支給せよ」と返答しました。その後、勧修寺教秀と広橋綱光が義政のもとを訪れています。戻ってくると「(義政は)政所執事《しつじ》の伊勢貞宗とお話しするようにとのことです。期日については、まだ天皇のご指示がないので、相談に至りませんでした」と報告しています。

その後、内侍所御神楽の期日は十二月二十九日と決まりますが、結局費用が届かなかったことから延期となりました。親長を中心に御神楽の再開が目指されましたが、それを阻んだのは費用の問題だったのです。朝廷側は、幕府に対してしきりに費用の問題を相談しましたが、やはり幕府は充分な費用を確保することができませんでした。

内侍所御神楽の再開にあたっては、慣例に従って幕府の献金が要求されました。しかし幕府の支援も充分とはいえず、しかも直前になって延期が決まるなど、安定的な供給には程遠い状態でした。それでも御神楽を実施しようとしたところに、朝廷の朝儀復興と内侍所御神楽の再開に対する強いこだわりが感じられます。

## 文明六年正月の催行に向けた動き

年が明けて、文明六年（一四七四）正月を迎えました。さっそく元日から追行に向けた動きがみられます。前年末の内侍所御神楽は、費用がなかったために延期となりましたが、十日以降で期日を再設定することになりました。広橋綱光は、改めて親長に申沙汰を打診しましたが、親長は子の元長に譲っています。

五日、親長が参内すると、勧修寺教秀と広橋綱光から御神楽の費用が近日中に到着しそうだという話がありました。さっそく具体的な期日に関する協議が行われ、陰陽師の土御門有宣に対し、御神楽の候補日を決める卜定が命じられました。有宣は「二十五日か二十六日と出ました」と報告してきましたので、最後は後土御門天皇が二十五日にと決めています。親長は、何度も内侍所御神楽が延期になっていることから「神慮は予測しがたい。二十五日催行というが、疑わしいものだ」と日記に書き記しています。

十日、親長は参内して、やはり教秀と綱光らと内侍所御神楽に関する協議を行っています。この日は、御神楽にともなって行われる天皇の内侍所参拝に、誰を供奉させるかが話し合われました。天皇の剣を持つ者、裾を取る者、脂燭《しそく》を持つ者など、天皇の出御には多くの公家が供奉しました。それらは先例に従う必要があり、故実に明るい親長が意見を述べています。

十八日、親長のもとに、笛の楽人の山井景益《やまのいかげます》が訪ねてきました。親長が、御神楽に参仕る近《この》衛召人《えのめしうど》の状況について尋ねると、彼らは西軍の統治下にある下京《しもぎょう》に住んでおり、東軍の拠る御構《おんかまえ》の内にいないことが判りました。その晩に参内した親長は「近衛召人には、まだ出仕の命を下しておりません。聞くところでは、下京に居住しているとのことです。そこで安倍季継《あべすえつぐ》と相談して、坂本に下るように命じます」と報告しています。内侍所御神楽は、殿上人と地下の近衛召人によって奏楽されますが、近衛召人の一部は後土御門天皇や親長の住む東軍側の御構ではなく、西軍側の下京に住んでいたのです。下京から御構に直接入ることはできませんので、いったん坂本に出て、比叡山から御構に入らせることになりました。二十一日には、親長が出納《すいとう》や小舎人《こどねり》ら下級役人を呼び出し「御神楽の地下《じげ》の所作人たちが召されていない。君たちがいい加減で怠けていると、天皇はきつくおっしゃっている。所作人は全員集めるようにとおっしゃっているぞ」と檄を飛ばしています。親長は、翌二十二日も参内して御神楽について相談を行い、二十三日は脂燭や装束に関する議論を行いました。

御神楽の前日の二十四日、御神楽の開始は酉《とり》の刻（十七時ごろ）で、御神楽の前に天皇が内侍所に参拝することが各所に伝達されます。この日の夜になって、神楽歌の歌人《うたびと》を務める多《おおの》忠英《ただひで》と多久時《おおのひさとき》が到着したという報告があり、後土御門天皇は「非常に喜ばしい」と満足の意を示しました。しかし彼らは、御神楽奉仕の装束などを用意できていませんでした。すべて借用することになりましたが、前日となってはなかなか困難です。天皇は「それでも試みよ」といわれたので、方々に手配して借り出されました。もっとも楽人については、戦時でなくても不適当な装束を着用していたようです。今回も同じということで、たとえ五位の者であっても、四位《しい》の夏の袍《ほう》が与えられました。さらに天皇から女房奉書《にょうぼうほうしょ》（天皇の意思を女房が書きつけた手紙）があり「明日の装束について、高倉永継《ながつぐ》（装束の着付けの作法である衣紋道《えもんどう》に通じた公家）に参内するように命じよ」という指示があったので、親長は使者を遣わしています。翌日は特別な勅願のために内侍所参拝を行うので、その装束の作法について問い合わせようとしたのでしょう。

すでに述べたように、今回の内侍所御神楽の実務責任者は、あくまで甘露寺元長でした。しかし、実際は父の親長が前面に立って、天皇に対する報告と、各方面に対する指示通達を行っています。親長の活躍がなければ、恒例行事としての内侍所御神楽の再開は難しかったでしょう。このような親長の努力が実を結び、ようやく臨時・恒例御神楽は実現にこぎつけるのです。

## 内侍所臨時・恒例御神楽の催行

いよいよ内侍所御神楽の期日である正月二十五日を迎えました。当日の様子は『親長卿記』に詳細に記されています。

> 酉の刻（十七時ごろ）に参内した（衣冠姿。私の袍は脂燭の殿上人に貸して渡してしまった。そのため私は夏の袍を借りて着用した。内々のお仕えのためである）。元長も一緒で、束帯姿で参内する。各役所の官人たちを集めて、細かく指示を出した。火ともしごろに天皇の出御があった（特別なご祈願のため、まず御神楽の前に内侍所へ行幸された。ご奉幣《ほうべい》があったという。神《しん》物《もつ》・ご幣料《へいりょう》などを供えられる）。御簾《みす》を掲げるのは正親町公兼《おおぎまちきみかね》、天皇の裾も同じく公兼が取った。御剣《つるぎ》は冷泉政為《れいぜいまさため》、脂燭を持つ殿上人は、四辻季経《すえつね》、菅原在数《ありかず》、吉田兼致《かねむね》。天皇の後

ろには、職事《しきじ》の広橋兼顕《かねあき》（草鞋《そうかい》を持つ）。勧修寺政顕《まさあき》、甘露寺元長の二人が脂燭を持って、天皇の後ろにお仕えする。脂燭の者がいなかったので「職事が後ろにお仕えして脂燭を取ってもよろしいでしょうか」と申し上げたところ、天皇は「それで構わぬ」とおっしゃられたのである。この間に内々に人々と相談した。（中略）笏は、正親町公兼が献じた（内竪《ないじゅ》（雑用の官人）に人がなかった（去年河原において命を落としたのだ））。そのため今度は「いかがすべきであろうか」という話があったので、このようになった。御所から直接笏が出された。蔵人が笏を取って公兼に手渡したのである。草鞋のことは、これもまた出納《すいとう》の役人が期日までに現れず、部屋衆《へやしゅう》もおらず、内竪もいなかった。これもまた御所から内々に出して（今度は小舎人・出納がこれ

図15 『旧儀式図画帖』第42巻
（東京国立博物館蔵、QA-4000 42）

を奉った。新調した（その代は一〇〇疋である）、これを献じた（傍に置いて機会が来ると持参した）。役目のことは、私（元長の代理）が人々に指示した。天皇の参拝が終わって在所に還幸《かんこう》された。

（『親長卿記』文明六年正月二十五日条）

この場面では、後土御門天皇の内侍所参拝が詳しく記されています。天皇の参拝には、随伴の殿上人とそれを支える下級官人たちが必要でしたが、充分な人員を確保できていません。本来は申沙汰の元長が差配するところですが、実際には経験豊富な親長が指示を出しました。

次に、いよいよ御神楽が行われます。

次に行水《ぎょうずい》があって装束をお召しになる。今度は内侍所御神楽に出御なさる。脂燭以下は前と同じである。御神楽の所作人が庭の座に着いて、先に臨時御神楽が始められた。神楽歌「明星《あかぼし》」をお命じになる刻限のことは、元長が四辻季春と相談して進み出た（沓《くつ》を履いて裾を引き、笏を持った）、最上位の座の下に来て命を伝えた（そして「明星」を奏した）。御神楽が終わって所作人が座を立っても、なお天皇は聴聞されるようである。みな着座するようにと命じられた。所作人が着座したのは、前と同じ様子である。恒例御神楽なので、今度は、季春は着座しなかった。恒例御神楽が始められたのち、天皇は在所に還幸された。今度の四辻季経の着座の間に、五位の職事と六位の蔵人たちは、脂燭を持って前を進んだ。

（同前）

内侍所御神楽は先例に従って、先に臨時御神楽、後から恒例御神楽が行われています。臨時御神楽には天皇が始終臨席しましたが、恒例御神楽の開始後に退出しました。

私は、元長に申し送りをして退出した。「明星」を指示したあとに退出するようにといい残された。今日の行事は、ひとつも混乱がなかった。めでたいことだ、めでたいことだ。今日は、布単《ふたん》（行幸・還幸のために敷かれる白い布）が敷かれなかった。紛失したあと、新調されなかったのである。今回は新調しようという話があったのだが、費用がなかったのである。先例は、どのようになっているのか。御神楽伝奏《みかぐらてんそう》は勧修寺教秀、申沙汰は甘露寺元長である。すべての費用は、伝奏の教秀が支給した。各役所の上申が、申沙汰の職事である元長から伝奏の教秀に伝達された。今夜は、殿上人も地下も、男も女も群集をなして御神楽を見物した。

（同前）

この日の御神楽について、親長は先例に従って間違いなく執行されたと書き記しています。そして「珍重々々《ちんちょうちんちょう》（めでたい、めでたい）」と満足の意を示しました。自身が再開に尽力した御神楽が無事に終わったことに加え、子息の元長が申沙汰の役を滞りなく務め終えた安堵感が伝わってきます。

この夜は、公家だけではなく、下級官人たちも含む多くの男女が、御神楽の見物に訪れたようです。応仁の乱が始まってから、長くすべての朝儀が停止されていました。遷座にともなう内侍所御神楽は行われましたが、本格的な恒例行事の再開は、この晩の御神楽が最初だったのです。御構の中の苦しい生活の中にあって、朝儀、神事、芸能の再開は、大きな希望と喜びをもたらしたのではないでしょうか。天皇をはじめ朝廷の人々も、観客の存在を充分に意識していました。親長自身が、観客の様子を日記に記していることからも、そのことが解ります。

『親長卿記』正月二十五日の記事の最後には、次のような記述がみられます。

今回の歌人《うたびと》たちのことだが、出納の役人が期日までに現れなかったので、去る十九日に、ある者と語らい合って、密かに敵陣（この歌人の連中は六条あたりに住むという）に遣わして、

召し寄せたのである。旅行の資金は、出納の持ち分から支給した。（同前）

地下の歌人には、多忠英と多久時が召されました。多氏は、平安時代より御神楽に参仕した近衛官人の家で、再興の内侍所御神楽にも欠かせない存在でした。しかし、彼らは御構ではなく、西軍の統治下である下京に住んでいました。敵陣から歌人を呼び寄せるという困難をともなうミッションでしたが、親長はみずから人を遣わして、御神楽に間に合うように忠英と久時を出仕させたのです。

## 三条西実隆のみた内侍所御神楽再興

文明六年正月の内侍所御神楽を詳細に記録したひとりに、三条西実隆がいました。室町時代後期の一級史料として知られる『実隆公記《さねたかこうき》』は、文明六年正月より現存しますが、その月から実隆は内侍所御神楽を詳述しています。『親長卿記』と重複する箇所は略して、特に散状《さんじょう》（参仕者などを列記した文書）を中心にみていきましょう。

今日は内侍所御神楽である。奉行は、職事の甘露寺元長である。酉の刻に参内した。（中略）今日の散状は、奉行の元長が書き送ってきた。

内侍所臨時御神楽の所作人
　本拍子
四辻季春
　末拍子
四辻季経
　付歌
多忠英、多久時
　笛
山井景益
　篳篥
安倍季経
　和琴
勧修寺経郷

内侍所御神楽の所作人
　本拍子
四辻季経（季経は、拍子を忠英に下した）
　末拍子
多忠英（「明星」の命は、季経に下された）
　付歌
多久時
　笛
山井景益
　篳篥
安倍季経
　和琴
勧修寺経郷

人長　　　　　　　　人長
安倍季音　　　　　　安倍季音
（『実隆公記』文明六年正月二十五日条）

まず拍子に注目すると、四辻季春・季経父子が参仕しています。応仁の乱までの御神楽は、綾小路家が拍子を務めていましたが、有俊はすでに出家していたので参仕できません。その子の俊量が参仕していない理由は記されていませんが、前年十一月二十二日に実母を亡くしていることから（『親長卿記』同日条）、あるいは服忌《ふくき》で不参だったのかもしれません。いずれしても長く拍子を務めた綾小路家不在の状況下で、内侍所御神楽を催行することは、それまでの環境では難しかったはずです。しかし、綾小路家の参仕がなくても御神楽を執行できるまでに、四辻家が実力を付けていたのです。

この記事を残した三条西実隆は、親長の甥でした。実隆は早くに父の公保《きんやす》を亡くし、以後は母の弟である親長の庇護の下で育ちました。文明六年当時は、まだ二十歳にもならない青年公家でしたが、叔父の親長と、従兄弟で同世代の元長の仕事ぶりをしっかりみていたはずです。

図16　三条西実隆像（模写）
（東京大学史料編纂所蔵）

以後『実隆公記』には、内侍所御神楽の記事が頻繁に登場します。実隆は叔父の親長の精神をよく受け継いで、戦国時代の内侍所御神楽の維持に尽力していくことになります。

## 賢所の神事最優先の理念

内侍所御神楽は、応仁の乱の真っただ中にあって、しかも後土御門天皇が室町殿に滞在し続ける中で再開されました。なぜ多くの朝儀の中で、内侍所御神楽の再開が急がれたのでしょうか。ここからは、その理由を考えていきたいと思います。

まず注目したいのが、鎌倉時代初期に順徳天皇がまとめた『禁秘抄《きんぴしょう》』です。同書の冒頭は「賢所《かしこどころ》」という項目で、次のような記述がみられます。

さてもまず禁中の作法は神事を優先して、それ以外のことは二の次である。朝から晩まで、神を崇敬する天皇の心に怠りがあってはならない。（『禁秘抄』）

天皇の職務の第一にあげられることは「賢所（内侍所）」の「神事」だというのです。では、朝廷の多くの公事《くじ》の中で、なぜ「賢所」の「神事」が最優先とされたのでしょうか。『禁秘抄』巻上「賢所」をもう少し読み進めてみましょう。

神代から内侍所（賢所）の神鏡を、伊勢神宮のごとく崇敬し、伊勢の神の代わりとして安置するのである。神事の次第は、伊勢神宮と同じように行う。（同前）

内侍所に安置される神鏡は、皇室の祖先神である天照御大神の神体でした。また三種の神器の中では、唯一信仰の対象でもありました。祭政一致の政権である朝廷にとって、伊勢の神に対する祭祀は最優先事項と考えられたのです。

では、鎌倉時代初期に著された『禁秘抄』は、室町時代後期の後土御門天皇の代にあっても重視されていたのでしょうか。応仁の乱後になりますが、甘露寺親長の姿勢を確認しておきましょう。

勾当内侍奉書《こうとうないしほうしょ》（天皇の意思を女官がしたためた手紙）があり「盆供養のことは、いつごろまでに実施しようか。今年などは実施したいが」とおっしゃられたとある。私は「禁中の作法は、神事が先で、仏事はその次であると『禁秘抄』にもございます。今日《こんにち》、公事はすべて怠っておろそかになっております。この状況下では、盆供養の再興などは無意味でございます」と申し上げた。

（『親長卿記』長享二年七月十三日条）

長享二年（一四八八）、後土御門天皇が盂蘭盆会《うらぼんえ》の供養を復活させようとしたのに対し、親長は『禁秘抄』に基づいて、仏事よりも神事を優先して再興すべきだと進言しました。おそらく天皇は御神楽や四方拝など、いくつかの神事も復興したので、仏事にも着手しようとしたのでしょう。しかし、親長には神事の復興は全く不充分であり、天皇が優先順位を間違えていると考えたのでした。一口に朝儀復興を目指すといっても、そこには明確な優先順位があったのです。

このように室町時代においても、天皇の近臣は『禁秘抄』の理念を強く意識していました。『禁秘抄』「神事次第」には、内侍所御神楽が伊勢の神に関わる神事と明確に位置づけられています。多くの朝儀の中で、真っ先に内侍所御神楽が再興された背景には『禁秘抄』の理念もあったはずです。これは、戦国時代を通して内侍所御神楽が継続した理由にもなっていくのです。

## 伏見宮家の精神

『禁秘抄』巻上「諸芸《しょげい》能事《のうのこと》」には、天皇が習得すべき芸能（技芸）として「御学問」、「管絃」、「和歌」の三つがあげられており、この順に重視されました。著者の順徳天皇は歌人としても著名で『八雲御抄』をまとめるほど和歌を重視しましたが、それ以上に重視すべき技芸が「管絃」であったのです。

では、室町時代の天皇家は、芸能についてどのような姿勢だったのでしょうか。後土御門天皇の祖父である伏見宮貞成親王は、琵琶の秘曲の伝承者でもありました。まずは、親王が子の後花園天皇（後土御門天皇の父）に送った『椿葉記《ちんようき》』という書物をみておきたいと思います。

だいたい、音楽の道のことは、歴代の天皇は十歳までに所作がありますが、すでに成人におなりになるまで、その所作のないことが気がかりです。笙《しょう》をご演奏になるとうかがっておりますが、後小松院の先例に従われてすばらしいことでしょう。また管絃は、二つの楽器を並行して演奏なさるという先例もありますので、ご一緒に琵琶もご演奏になるべきです。古代の例は置いておきましょう。中古以来、後深草院・伏見院・後伏見院・光厳院・崇光院・栄仁《よしひと》親王など、特別なこととして（琵琶の演奏を）取り組まれましたので、ぜひともご演奏になるべきです。

（『椿葉記』）

貞成親王は、子の天皇に対して、特に琵琶の演奏を強く勧めています。後花園天皇は、養父の後小松院の例を踏襲して笙を稽古したので、親王はそれに加えて持明院統嫡流、特に伏見宮家の家の芸である琵琶も習得するように勧めたのです。この背景には、後小松院の猶子となった後花園天皇が、後光厳流皇統の後小松院の例を踏襲したことに対して、貞成親王が天皇を崇光流の音楽的系譜に引き戻そうとしたことがあります。つまり実父はあくまで貞成親王なのだから、自分を父として尊重するようにという意図があったのです。

それはともかく『椿葉記』では、音楽の次に学問、和歌と続きます。この三つは『禁秘抄』の「諸芸能事」に共通します。やはり室町時代になっても、この三つが天皇必須の技芸であったのです。その一方で、学問と音楽の順が入れ替わっていることは注目すべきでしょう。つまり、貞成親王は芸能の中で音楽を一番重視しているのです。

次に、後花園天皇が皇太子の成仁《ふさひと》親王（のちの後土御門天皇）に送った『後花園院御《ごはなぞのいんご》消息《しょうそく》』

をみていきましょう。天皇は息子に、何を伝えたかったのでしょうか。

何度も申しますが、学問を一番大切とされてこそ、自身の誤りを改め、他人のよしあしも正せるのです。よくよく精進なさってください。そのほかは公事の一方で、詩歌、管絃、筆法などの技能でございます。

（『後花園院御消息』）

後花園天皇は、息子に対して第一に学問を勧めています。その上で、詩歌（漢詩と和歌）、管絃、書道に励むように求めました。『禁秘抄』や『椿葉記』の「芸能」と項目は重なりますが、その順からは天皇の教育方針が透けてみえます。管絃（特に琵琶の演奏）を最重視した貞成親王に対し、子の後花園天皇は学問を第一とし、特に和漢の才を身につけるように諭しているのです。

また『後花園院御消息』には、次のような文言もみえます。

伏見宮貞常親王などのことも、長くご同居のことと存じます。自他ともにおろそかに扱われてはならない方で、おのずから親王の申されたことなどは、ないがしろになさってはいけません。

（同前）

貞常親王は、後花園天皇の実弟で、成仁親王の叔父です。特に成仁親王は、生後すぐ伏見宮邸に引き取られましたので、貞常親王は父親よりもずっと親しい肉親でした。そのため天皇からみると、践祚後も息子が叔父に甘えると心配したのかもしれません。そこで貞常親王の意見には素直に従うように諭したのでしょう。

個々の考えに多少の差異はあるものの、後土御門天皇の祖父も父も、管絃を天皇に必須の才にあげました。当時、楽器の稽古は天皇の職務でしたし、公家たちを集めた御遊《ぎょゆう》の開催や、自身の所作も大切な職務と考えられていました。特に音楽の家でもあった伏見宮家に育った天皇は、日ごろから音楽に親しみ、自然と音楽を我が物にしていったに違いありません。

## 後土御門天皇の音楽活動

後土御門天皇の音楽活動は、応仁の乱の最中も続けられています。文明二年（一四七〇）十一月には、笙の伝授が行われました。

> 天皇の音楽のことだが、ご相伝が行われたのは「皇帝《おうだい》」と「団乱旋《とらでん》」である。事務責任者は、四辻季春である。同席したのは白川忠富《ただとみ》で、直衣《のうし》に下括《げくぐ》り姿である。師範は地下楽人の豊原緑秋《とよはらよりあき》である。衣冠、馬、太刀を賜った。
>
> （『重胤記《しげたねき》』文明二年十一月十九日条）

この日、天皇は豊原緑秋を師として楽を伝受しました。豊原氏は、笙を専門とする地下楽家です。まだ乱の最中で、すべての朝儀が停止する中であったにもかかわらず、天皇に対する楽の伝授が行われたのです。この場には、楽奉行の四辻季春も同席しました。

室町殿に避難中の後土御門天皇は、行在所の不自由な避難生活にあっても、たびたび音楽の行事を開催しています。

> 今夕、天皇のご在所において音楽があった。地下楽人が内侍所の北に参上してお仕えした。衣冠姿である。音楽は「盤渉調《ばんしきちょう》」、「蘇合香一具《そごうこういちぐ》」、「青海波《せいがいは》」、「千秋楽《せんしゅうらく》」である。笙は、豊原緑秋、豊原冬秋《ふゆあき》。笛は、山井景益《やまのいかげます》。篳篥は、安倍季信《あべすえのぶ》である。内々の儀であったので、公卿の着座はなかった。
>
> （『重胤記』文明二年十一月二十一日条）

この音楽は、地下楽人のみによる私的な催しで、公卿は参加しなかったようです。笙の師である緑秋をはじめとして、笛の大神景益、篳篥の安倍季信が参加し、天皇とともに奏楽しました。後土御門天皇は、殿上人だけでなく、豊原緑秋から笙を習得するなど、地下楽人とも音楽的交流を維持していました。内侍所御神楽は、公卿を中心とする臨時御神楽とともに、地下楽人も参加する恒例御神楽があります。天皇は、近臣の公卿だけでなく、下級官人の楽人ともコンタクトをとる必要がありました。内侍所御神楽をはじめとする朝儀復興のためには、地下楽人の掌握も欠かせなかったのです。彼らをおろそかにすると、多氏のように西軍側に離脱してしまう可能性もありました。

文明四年（一四七二）正月四日、今度は公卿らによる音楽が行われています。

> 夜になって参内した（直衣姿である）。今日は、天皇の近臣たちによる一献《いっこん》の実施責任者である。参仕した人々は次の通り。
>
> 庭田長賢《ながかた》（勝仁親王の外祖父である）、私（親長）、四辻季春、庭田雅行、烏丸益光《ますみつ》、松木宗綱、滋野井教国《しげのいのりくに》、飛鳥井雅康《あすかいまさやす》、白川忠富、正親町公兼《おおぎまちきみかね》、山科言国《やましなときくに》、綾小路俊量《としかず》、冷泉

為親《ためちか》、阿茶丸《あちゃまる》（正親町三条実興《おおぎまちさんじょうさねおき》）、薄以量《すすきもちかず》、橘通任《たちばなみちとう》らである。一首の勅題《ちょくだい》（「初春松《はつはるのまつ》」）が下されて、それぞれ和歌を詠んだ。（中略）次に酒をたくさん飲み、音楽、美声を響かせることなどがあり、六献《ろっこん》のあとに早く退出した。

（『親長卿記』文明四年正月四日条）

この日は正月の行事として、近臣による和歌会と音楽が行われました。当時の公家にとって、音楽も和歌も必須の教養でした。和歌会では、天皇から歌の題が出されると、参加の公家たちは和歌を制作して披露しました。それに続く形で音楽が行われたのです。

同じ文明四年の七月七日、後土御門天皇が笙を演奏し、将軍義政も同席しました（『重胤記』文明四年七月七日条）。応仁の乱の続く中にあって、天皇や公家、さらに将軍までもが音楽に参加しているのは、一見すると懐古趣味や現実逃避のように思われるかもしれません。しかし何度も触れてきたように、音楽の場を設けることは天皇の大切な職務のひとつでした。一切の朝儀のできない状況が続きましたが、天皇や公家たちは音楽、和歌の催しを行うことで、戦時下の厳しい状況でもできることを探して取り組んだのです。さらに、その直後の十二日条にも、殿上人の音楽が行われました。

今夕、殿上において音楽があった。笙は、中院通秀《なかのいんみちひで》、山科言国。笛は、四辻季経、綾小路俊量。「万歳楽《まんざいらく》」、「三台急《さんだいのきゅう》」、「太平楽《たいへいらく》」、「五常楽《ごじょうらく》」、「慶徳《けいとく》」、「老君子《ろうくんし》」、「太平楽」また（以下欠）

（『重胤記』文明四年七月十二日条）

このように天皇が室町殿に避難し、朝儀が行われない中にあっても、彼らが朝儀復興に対する意欲を失ったことはありませんでした。むしろ危機的な状況だからこそ、朝儀に対する責任は意識化されたかもしれません。天皇がみずから音楽を習得し、公家を集めて音楽活動を展開したことは、朝儀復興に対する強い意欲の表れであったといえるでしょう。

後土御門天皇の側近には、庭田家や綾小路家など、伏見宮家に仕えつつ、また楽家としても活躍した宇多源氏が仕えて

図17　足利将軍室町第址の石碑（中本撮影）

いました。特に庭田家からは、父の後花園院・叔父の伏見宮貞常親王の生母である経子、あるいは典侍《ないしのすけ》として後土御門天皇に仕え、間に後柏原天皇を儲けることになる朝子《あさこ》が出ています。すでに何度も触れているように、綾小路家は長く御神楽の召人を務めていました。天皇の周辺は、ほかの公家たちよりも内侍所御神楽の再開に意欲的であったと考えられます。

内侍所御神楽は、いわゆる管絃とは異なりますが、音楽行事であることに変わりありません。神事最優先の思想に加えて、音楽も重視する『禁秘抄』や『椿葉記』、『後花園院御消息』にみられるような理念が、内侍所御神楽の再開を促したのでした。朝儀復興は、本来摂政や関白の重要な職務でした。しかし、応仁の乱の時期、彼らは疎開して不在だったのです。その中で内侍所御神楽が再開されたのは、甘露寺や四辻といった中流公家が努力したからでした。この中流公家が朝儀復興を具体的に進めて成功させたところに、内侍所御神楽再開の特徴を指摘することができます。

# Ⅵ　乱世を乗り越えゆく内侍所御神楽

## 応仁の乱後の内侍所御神楽

内侍所御神楽は、応仁の乱の中でも続けられ、乱後も継続します。ここからは、戦国時代の内侍所御神楽を簡単にみていきましょう。

　室町時代、朝儀に必要な費用は、すべて幕府からの御訪（必要経費の献金）に頼っていました。内侍所御神楽の費用も、乱中、乱後を問わず、基本的には幕府の献金に支えられました。しかし、応仁の乱、さらにその後の戦乱によって幕府が弱体化すると、内侍所御神楽の費用も滞りがちになります。費用が整わない場合は、延引《えんいん》するしかありませんでした。

　そもそも内侍所御神楽には、どれくらいの費用がかかったのでしょうか。乱後の費用が判る史料に『宣胤卿記《のぶたねきょうき》』「貢馬伝奏《くめてんそう》事」があります。この記事には、明応二年（一四九三）の内侍所御神楽の経費とその内訳が記されています。

行事所《ぎょうじじょ》　四〇〇疋　　内蔵寮《くらりょう》　二〇〇疋
木工寮《もくりょう》　一〇〇疋　　掃部寮《かもんりょう》　四五〇疋

| | | | |
|---|---|---|---|
| 大膳職《だいぜんしき》 | 二五〇疋 | 陪従代《べいじゅうだい》 | 一五〇疋 |
| 近衛召人《このえのめしうど》 | 一五〇疋 | 安倍季継《すえつぐ》（篳篥《ひちりき》） | 五〇疋 |
| 人長《にんじょう》 | 一〇〇疋 | 出納《すいとう》 | 五〇疋 |
| 戸屋衆《へやしゅう》 | 三〇疋 | 主殿大夫《とのもたゆう》 | 五〇疋 |
| 内竪《ないじゅ》 | 五〇疋 | 軾《ひざつき》 | 五〇疋 |
| 掌灯《しょうとう》 | 五〇疋 | 四辻実仲（和琴） | 一〇〇疋 |
| 四辻季経（本拍子） | 一〇〇疋 | 綾小路俊量（末拍子） | 一〇〇疋 |
| 甘露寺元長（笛） | 一〇〇疋 | 刀自《とじ》三人 | 五〇〇疋 |

（『宣胤卿記』「貢馬伝奏事」より）

明応二年十二月二十日の内侍所御神楽の総費用は、三〇三〇疋でした。これに対し、幕府から献上された御訪は三〇六〇疋だったため、残額の三〇疋は勾当内侍《こうとうないし》に納められました。さらに内訳をみると、各役所に必要経費が分配され、さらに所作人にも御訪が下賜されています。

鎌倉時代末期の臨時御神楽には、殿上人に対する禄はなかったようです（『建武年中行事』）。また応仁の乱以前の総費用は、一〇〇〇疋を超える程度でした（『康富記』嘉吉二年十月十九日条）。

時期は判りませんが、この『宣胤卿記』にも、御神楽の総費用はもともと一六〇〇疋であったと記されています。このように御神楽の総費用は、年を追うごとに増加し、応仁の乱を挟んで三倍に膨らんだのです。朝廷も幕府も財政難に苦しむ中にあって、なぜ内侍所御神楽の総費用は大きく膨らんだのでしょうか。

改めて経費の内訳をみると、公卿の所作人に一〇〇疋ずつ計四〇〇疋下賜されていることに気づきます。公卿といっても、彼らは一様に窮困していました。また内侍所御神楽に参仕するためには、装束などを自前で準備する必要がありましたが、窮乏する公家たちはそれを用意することも難しかったのです。そこで必要な支度を整えさせる名目で、公卿にも御訪を支給したのではないでしょうか。

見方を変えると、内侍所御神楽の参仕は、公卿に現金収入をもたらしたわけです。しかるべき先達から御神楽の相伝を受け、所作人に選ばれて参仕すると、御訪が下賜されたのです。それほど高額ではなかったにせよ、慢性的に窮困する公家にとって、この収入は魅力的であったに違いありません。多くの公家が没落したり、都から地方に下ったりして、所作人に欠員の生じがちだった室町時代は、特に新規参入のチャンスでもありました。それまで御神楽の所作人を出さなかった家からも所作人が出た背景には、この御訪も功を奏したと考えられます。

## 途絶えた幕府の献金

内侍所御神楽の所作人に対する御訪は、長くは続かなかったようです。明応六年（一四九七）十二月二十日の経費は、次のように記されています。

注進

内侍所御神楽之御下行事

肆《四》貫文　行事所

二貫文　内蔵寮

二貫五百文　大膳職

一貫五百文　近衛召人

一貫五百文　所作陪従

一貫文　人長

一貫文　木工寮

五百文　篳篥
五百文　掌灯
三百文　部屋衆
五百文　出納
　以上拾五貫三百文

（東京大学史料編纂所蔵『内侍所御神楽部類記』所載『尚顕卿記《ひさあききょうき》』）

当時の通貨単位は、一貫《かん》＝一〇〇疋《ひき》＝一〇〇〇文《もん》ですので、さきほど紹介した明応二年の内訳と比較すると、各部署の額に増減はありません。一見して気づく違いは、明応六年には公卿の所作人の御訪がなくなっていることでしょう。この時期にどのような変化がったのでしょうか。

この数年後の文亀元年（一五〇一）十二月二十九日、後柏原天皇践祚《せんそ》後初めての内侍所御神楽が催行されました。

今夜の内侍所御神楽は（後柏原天皇の代の初回）、奉行は広橋守光である。（中略）
幕府からの必要経費の献金は行われず、朝廷の予算によって実施されたという。

（『宣胤卿記』文亀元年十二月二十九日条）

代替わり後初めての内侍所御神楽にもかかわらず、幕府は必要経費を献金しませんでした。全額を朝廷の予算でまかなうことになったため、おそらく公卿の御訪まで準備できなかったのでしょう。以後の内侍所御神楽では、公卿の御訪は支出されなかったようです（東京大学史料編纂所蔵『内侍所御神楽部類記』）。

明応二年、細川政元がクーデターを決行し、十代将軍足利義材《よしき》を廃して、義澄《よしずみ》を新将軍に擁立しました（明応の政変）。従来は応仁の乱をもって戦国時代の始まりとしていましたが、近年は明応の政変に始まるとするのが通説になっています。後土御門天皇は政変によって譲位を望みますが果たせず、明応九年（一五〇〇）九月二十八日に在位したまま崩御しました。しかし葬儀の費用がなかったため、天皇の遺体は四十日以上も放置されたといいます。ようやく葬儀が実施されたのは、崩御から四十三日後のことでした（『後法興院記』明応九年十一月十一日条）。

朝廷の苦労は、次の後柏原天皇になっても続きます。践祚の翌年、即位礼の費用調達のために、段銭《たんせん》を諸国に課しましたが、思うように集まりません。幕府の実力者である政元に相談すると、次のような返事がありました。

将軍義澄の参議中《さんぎちゅう》将《じょう》の拝賀《はいが》について、内々に一門に相談されたことがあった。困難な大儀である。細川政元は「参議中将も、何も、無意味なことです。私にとりましては将軍というばかりです。このような官位などは無意味で、いかにご昇進されたとしても、ふさわしくない人間が命を下せば実効性はありません。ただいまの地位でいらっしゃるのがよろしいと存じます」などと意見を申した。

また「朝廷も、即位の大礼の儀は無意味です。そのような儀礼を行ったとしても、実体のない者は、天皇といっても実在していません。このようにいらっしゃるといっても、私は天皇として承知しております。そうですので、すべての大儀は末代には不相応なことです。この問題は無意味です」と申した。そして幕府や朝廷の者たちにその旨を申したという。そのため即位礼の準備も、将軍の拝賀も行わないことで一致した。末代の滅亡の兆候である。費用のための諸国へ課税も実施されないそうである。

（『尋尊大僧正記』文亀二年六月十六日条）

政元は、新天皇の即位礼など無意味だと主張し、幕府が課税を実施することも拒みました。一見合理主義者のようにみえる政元の姿勢ですが、朝廷側からすると理解できない話でした。結局、後柏原天皇は長く即位礼を行うことができず、ようやく実現にこぎつけたのは践祚後二十二年目のことでした。慢性的に窮困した公家社会は、明応の政変を境として新たな段階に入ったといえます。

このように政元は、即位礼すら不要と主張する人物ですから、内侍所御神楽に対する幕府の出資も無意味と考えたのではないでしょうか。その後の幕府は、朝廷に対して金も出さない代わりに口も出さないという方針に転換していきます。幕府の献金が停止し、公卿に対する御訪がなくなっても、やはり内侍所御神楽は継続しました。なぜ公卿たちは御神楽への参仕を止めなかったのでしょうか。その背景には、彼らが禁裏小番《きんりこばん》を務めていたことも関係があるようです。

## 天皇と禁裏小番

室町時代以降の朝廷には、禁裏小番という制度がありました。禁裏小番とは、公家を輪番で内裏に参勤宿直させる制度のことで、その公家集団は禁裏小番衆と呼ばれました。中世初期より朝廷への結番参勤はみられますが、異常な言動のあった称光《しょうこう》天皇を守護するために、四代将軍足利義持が後小松院に諮った上で強化されました。しかし、この制度は、公家たちの本来の職務に加えて課されたものですので、その負担は軽くありませんでした。しかも当時の公家はみな一様に窮困しており、参内の装束に支障を訴えて欠勤する者も少なくありませんでした。

永享二年（一四三〇）四月、六代将軍足利義教になると、禁裏小番の制度の整備と勤務の厳密化が図られました。各番に大納言クラスの番頭が置かれるとともに、各番六、七人の構成員からなる五番に再編強化され、番帳《ばんちょう》も作成されます。さらに禁裏小番の細則は、次の七ヶ条にまとめられます。

一、参候《さんこう》は午前九時
一、前日の番衆の内二人は残り、当日の番衆《ばんしゅう》が参入した後に退出する
一、昼は二つに分け、参候の人々が絶えないようにする
一、午後七時には全員集合する
一、祗候《しこう》の場所は、夜中は議定所《ぎじょうじょ》と泉殿《いずみどの》に分かれること
一、不参の輩は番頭としてその子細を注記し、理由ない欠勤者は速やかに報告する
一、来る二十八日より番帳に従って参勤する

以上のことは番頭から当番の人々に廻状《かいじょう》し、違反者については特別の沙汰をする。

（『国史大辞典』「禁裏小番」の項目より）

このときの義教の制度化により、摂関家・大臣以上の高官を除くほとんどの公卿と主要な殿上人は、番衆に編成されました。この禁裏小番は、戦国時代を通じて維持され、さらに江戸時代の朝廷にも受け継がれます。そこで、ここからは禁裏小番が内侍所御神楽の維持に果たした役割についてみていきたいと思います。

## 禁裏小番と内侍所御神楽の所作人

文亀二年（一五〇二）正月時点の禁裏小番は、以下のような公家でした。

近臣番《きんしんばん》
　一番　松木宗綱《まつのきむねつな》　山科言国《やましなときくに》　広橋守光《ひろはしもりみつ》
　二番　三条西実隆《さんじょうにしさねたか》　勧修寺経郷《かじゅうじつねさと》　東坊城和長《ひがしぼうじょうかずなが》

三番　四辻季経《よつつじすえつね》　甘露寺元長《かんろじもとなが》　冷泉永宣《れいぜいながのぶ》
四番　正親町公兼《おおぎまちきんかね》　田向重治《たむかいしげはる》　五条為学《ごじょうためざね》
五番　綾小路俊量《あやのこうじとしかず》　白川忠富王《しらかわただとみおう》　五辻富仲《いつつじとみなか》
六番　勧修寺政顕《かじゅうじまさあき》　鷲尾隆康《わしのおたかやす》
外様番《とざまばん》
一番　中御門宣胤《なかみかどのぶたね》　橋本公夏《はしもときんなつ》　北畠政宗《きたばたけまさむね》
二番　三条実香《さんじょうさねか》　園基富《そのもととみ》　清閑寺家幸《せいかんじいえゆき》
三番　町広光《まちひろみつ》　中院通世《なかのいんみちよ》　一条実治《いちじょうさねはる》
四番　四辻実仲《よつつじさねなか》　二条実望《にじょうさねもち》　四条隆永《しじょうたかなが》
五番　武者小路縁光《むしゃのこうじよりみつ》　姉小路基綱《あねがこうじもとつな》　四条隆秀《しじょうたかひで》
六番　冷泉政為《れいぜいまさため》　坊城俊名《ぼうじょうとしな》　世尊寺行季《せそんじゆきすえ》
七番　冷泉為広《れいぜいためひろ》　高倉永康《たかくらながやす》　柳原資定《やなぎはらすけさだ》
八番　中山宣親《なかやまのぶちか》　飛鳥井雅俊《あすかいまさとし》　一条公博《いちじょうきんひろ》
九番　小倉季種《おぐらすえたね》　持明院基春《じみょういんもとはる》　日野高光《ひのたかみつ》
十番　高辻長直《たかつじながなお》　大炊御門経名《おおいのみかどつねな》

（『宣胤卿記』文亀二年正月条より）

戦国時代の禁裏小番は「近臣番（内々衆）」と「外様番」に分けられ、警護を担当する場所や職務にも明確な違いがありました。近臣番は、天皇に近い公家が選ばれ、天盃《てんぱい》を下されました。ちなみに本書で注目している綾小路家、甘露寺家、四辻家庶流は、いずれも近臣番でした。また天皇の音楽を担当する楽所奉行《がくしょぶぎょう》（楽奉行）は、必ず近臣番から選ばれました。楽所奉行は、天皇が所作する御遊の実務責任者を務めるとともに、地下楽人の指揮監督も行いました。天皇の側近で、さまざまな用務をこなす近臣番に対して外様番の中には、家領経営のために地方に下って、全く出仕していない者も少なくありませんでした。

一方、同時期の内侍所御神楽の所作人は、次のような人々でした。

臨時御神楽

四辻季経（本拍子）、綾小路俊量（末拍子）、四辻実仲（和琴）、甘露寺元長（笛）、安倍季継（篳篥）、安倍季音（人長）、多久時（付歌）、多忠時・山井景隆・多久泰（近衛召人）

恒例御神楽

多久時（本拍子）、多忠時（末拍子）、多久泰（和琴）、山井景隆（笛）、安倍季継（篳篥）、

安倍季音（人長）

（『宣胤卿記』文亀元年十二月二十九日条より）

禁裏小番の特に近臣番と、同時期の内侍所御神楽の所作人を比較すると、四辻実仲以外は重なることに気づきます（共通は□で囲みました）。つまり天皇の側近グループが、そのまま御神楽の主要な所作人となったのです。そこに楽所奉行の管理下にある多氏や山井氏、安倍氏のような旧来の地下楽家が参仕して、内侍所御神楽が維持されたのです。

さらに天皇の内侍所行幸に供奉した公家もみておきましょう。

姉小路《あねがこうじ》済継《なりつぐ》（剣）、冷泉《れいぜい》為孝《ためたか》・四辻《よつつじ》公音《きんおと》・富小路《とみのこうじ》資直《すけなお》・唐橋《からはし》在名《ありな》（脂燭）、広橋守光・万《ま》里小路《でのこうじ》賢房《かたふさ》・勧修寺《かじゅうじ》尚顕《なおあき》・甘露寺《かんろじ》伊長《これなが》（御後職事）

（『宣胤卿記』文亀元年十二月二十九日条より）

こちらも禁裏小番と比較すると、まず広橋守光が共通します。この守光が、内侍所御神楽の奉行でした。また姉小路済継は基綱の子、冷泉為孝は政為の子、四辻公音は季経の子、勧修寺尚顕は政顕の子、甘露寺伊長は元長の子でした（本人、子は傍線を付しました）。やはり近臣番を中心に、その子息らが行幸の供奉を務めています。近臣番も、外様番も、親から子に引き継がれました。彼らは、若手公家のころから父とともに内侍所御神楽に参仕しているのです。

近臣番の公家にとって、内侍所御神楽の参仕は、相当な負担をともなうものでした。さらに御訪も下賜されないとなると、参仕の動機は自身の気持ちだけになります。内侍所御神楽の何が、公家たちを満足させたのでしょうか。次に、彼らの内侍所に対する思いを探っていきたいと思います。

## 内侍所を警固した禁裏小番

足利義教の定めた禁裏小番の職務には、天皇の近辺の警護だけでなく、実は内侍所の警固も含まれていました。嘉吉元年（一四四一）七月二日、禁裏小番として参内した万里小路《までのこうじ》時房《ときふさ》は、当日の仕事を次のように記しています。

> 早朝に参内した。禁裏小番のためである。今夜はまた物騒である。斎藤因幡入道が自宅を放火するという噂が立ったため、近辺の用心に余念がない。私は内侍所の近辺（記録所）

に参候した。白川雅兼《まさかね》・冷泉為富《ためとみ》も同じく参候した。三条実量《さねかず》・山科持俊《やましなもちとし》は頻りに渋ったけれども鬼の間に参候した。柳原忠秀・坊城俊秀《ぼうじょうとしひで》は重い服喪なので、神殿の近辺は不適当ということなので鬼の間に参候した。四条隆盛・冷泉永基《ながもと》は泉殿に参候した。

（『建内記』嘉吉元年七月二日条）

この晩は、禁裏小番の警備を厳重にする必要があり、内侍所には、時房、白川雅兼、冷泉為富が宿直しました。さらに同月二十二日も、時房は禁裏小番で参内し、同じく内侍所近辺の警固に当たっています（『建内記』嘉吉元年七月二十二日条）。

このように室町時代の公家たちは、天皇の身辺だけでなく、内侍所も日夜警備する必要がありました。すでにみたように、内侍所は三種の神器のひとつである神鏡を安置する建物です。伊勢の天照御大神の神体として、信仰の対象でもありました。天皇の職務の第一が、この内侍所の神事であったことは『禁秘抄』に記される通りです。そのため禁裏小番の警固の対象になったのでした。

もともと神鏡は信仰の対象でしたが、天皇家の祖先神ですので、天皇と皇族の信仰が中心です。また南北朝時代は、北朝が三種の神器を保持しなかったこともあり、神鏡そのものに対する信仰は希薄でした。しかし神鏡が内裏に戻り、内侍所が禁裏小番の警固の対象になると、禁裏小番と内侍所の結びつきも強化されました。その結果、公家たちの内侍所に対する忠誠心が高まり、内侍所を結束のシンボルとして崇めるようになったのです。

## 内侍所信仰の変化

応仁の乱後、公家が正月などに、個人で内侍所を参詣するようになります。それまでは、御神楽などの行事や、天皇に従って参仕することはありましたが、個人による参詣は大きな信仰の変化といえます。特に天皇の側近である近臣番の公家にその傾向が顕著に表れてきます。その背景には、禁裏小番が内侍所を警固したことがあるでしょう。もともと神を祀る空間ではあったのですが、日常的な参候による忠誠心が信仰心となり、神社のような信仰の対象になったのです。

また嘉吉三年（一四四三）九月に発生した禁闕《きんけつ》の変では、後南朝の勢力によって三種の神器のうちの宝剣と神璽を奪取されました。ほどなく宝剣は回収されたものの、神璽は長禄二年（一四五八）八月三十日に帰洛するまで、十五年間も不在でした。十五年ぶりに神璽が帰洛したとき、一条兼良は「無意味なことだ」と子の尋尊に語りました（『尋尊大僧正記』長禄二年八月晦日条）。なぜ兼良は、このように考えたのでしょうか。

兼良の著作『日本書紀纂疏《にほんしょきさんそ》』には、三種の神器の中では神鏡が特に重要であり、宝剣・神璽は神鏡に内包されるという説明があります。禁闕の変では、神鏡だけが無傷で、後花園天皇から離れずに済みました。兼良は、長く神璽が不在であった朝廷において、後花園天皇の正統性を保証するためにも、三種の神器の中で神鏡が特に重要だと主張したのでした。したがって神璽があってもなくても、天皇の正統性はいささかも変わらない、だから帰洛も「無意味だ」と述べたのでしょう。公家社会の最高権威であった兼良の姿勢は、当然ながら当時の人々に強い影響を与えたはずです。神鏡が広く公家の信仰の対象となった背景には、長く神璽が不在であったこと、それによって神鏡の地位が相対的に高まったことも大きかったと考えられます。

やがて応仁の乱が勃発すると、後土御門天皇は三種の神器とともに室町殿に遷幸しました。乱中は、公家たちも御構の中での生活を余儀なくされ、自由に社寺に参詣することができませんでした。その不自由な生活にあって、もっとも身近な神が内侍所だったのです。天皇以外による内侍所参詣は、応仁の乱終結直後から記録にみられるようになります。文明十一年（一四七九）七月十九日、安禅寺《あんぜんじ》観心尼《かんしんに》（後土御門天皇同母姉）が内侍所に参拝しています（『御湯殿《おゆどのの》上日記《うえのにっき》』同日条）。また文明十二年（一四八〇）三月九日条には、日野富子が内侍所に衣かづきの姿で参詣して、供料《くりょう》として一〇〇〇疋を献金しました（『御湯殿上日記』同日条）。さらにその後は、禁裏小番衆の特に近臣番の公家たちが、個人で内侍所に参詣するようになります。

多くの公家たちが地方に下る中にあって、近臣番の公家（その子も含む）たちは、天皇を中心に小さな集団を作っていました。王朝時代の貴族のような生活はできませんでしたが、天皇の傍に仕えて、わずかに再興された朝儀に参仕することが、彼らの誇りで、彼らのアイデンティティだったのです。もはや御神楽は、限られた家の公家だけが担当する行事ではありませんでした。内侍所御神楽の所作は、自身の信仰を表出する場であると同時に、近臣集団の結束を確認する機会にもなったはずです。外様番の公家や武家、あるいは都の人々が大勢見物する中での奏楽は、近臣番たちの自尊心を満足させたに違いありません。

## 甘露寺元長にみられる公家の変化

甘露寺元長は、父親長の助言を受けながら、文明六年（一四七四）正月の内侍所御神楽では実務責任者（申沙汰、奉行）を務めました。すでに述べたように、甘露寺家は名家《めいか》と呼ばれる朝廷の実務を担う家でした。したがって親長までは、内侍所御神楽に参仕しても、その職務は実務にとどまり、演奏に参加することはなかったのです。しかし文亀元年（一五〇一）十二月二十九日の内侍所御神楽の所作人でみたように、元長は笛の奏楽に加えられています。なぜ名家の元長は、御神楽の所作人になったのでしょうか。

若いころから元長は音楽の心得があり、その稽古に励んでいたようです。おそらく生まれつき才能があり、本人も好きだったのでしょう。文明十年（一四七八）正月二十日、元長は綾小路有俊から郢曲《えいきょく》を伝受しました（『親長卿記』、『実隆公記』同日条）。その年、元長は後土御門天皇から七夕御楽《たなばたおんがく》に参加するように命じられました。このような子の姿勢に対して、父の親長はどのように考えていたのでしょうか。

今日は元長の「万秋楽《まんじゅうらく》」の相伝である。師範は、山井《やまのい》景益《かげます》である。七夕御楽《たなばたおんがく》に参上するようにとのご命だという。二、三年前、元長は笛の興味から稽古して、今年は月次《つきなみ》御楽がある（伏見宮が名付けて開催された。毎月この行事がある。当時の皇居のお庭には、弁財天が勧請された。北小路殿居住の時に勧請された。その法楽《ほうらく》として名付けられた）。毎月欠かさず参仕している。近年は殿上人の笛の所作人がおらず、綾小路俊量だけである。

おおよそ不都合を訴えて参仕しないので、元長が召されることになった。そもそも名家の者は、古来このような芸能を強く望むものではない。そうはいっても、この十数年は朝儀などが停止されて、職事弁官《しきじべんかん》の仕事がない。ただ漫然と朝廷に出仕しても無意味かもしれない。元長は趣味を極めているので、現代の風潮に任せて制止することはしなかった。これもまた今日にあっては、奉公のひとつの形である。

（『親長卿記』文明十年六月二十五日条）

天皇が主催する毎月の音楽に召されるほど、笛の才能を発揮した元長について、親長は肯定的に受け止めています。家業の職事弁官と禁裏小番の近臣番を務めながら、同時に音楽でも奉仕している息子を誇りに感じていたのです。

このころより元長は、内侍所御神楽にも笛で参仕するようになりました。文明十四年（一四八二）四月九日の内侍所御神楽では、実務責任者を務めながら笛の所作も行っています（『親長卿記』同日条）。それから毎回のように所作人を務めた元長は、永正十年（一五一三）三月二十四日の内侍所御神楽まで参仕しました（『元長卿記』同日条）。すでに指摘したように、甘露寺家は音楽の家ではありません。所作人の減少が原因であったとはいえ、職事弁官の公家が内侍所御神楽の所作人を務めることは、それまでの常識では考えられないことでした。それを可能にしたのは、元長の才能や意欲はもちろんのこと、やはり有俊から郢曲を伝受したことが大きかったのでしょう。

元長は、晩年まで壮健で、音楽に対する意欲を失いませんでした。大永七年（一五二七）七月六日、七十歳を過ぎても楽の習礼に参加しています（『二水記』同日条）。その一ヶ月後の八月十七日、元長は急死しました。まさに死の直前まで、音楽活動に意欲的であったのです。

## 御神楽に参入した持明院家

持明院《じみょういん》家も、戦国時代から内侍所御神楽の所作人となった家でした。持明院家とは、北家《ほっけ》中御門《なかみかど》流の公家で、基春《もとはる》が世尊寺《せそんじ》行高《ゆきたか》の門弟で書に巧みであったために、享禄五年（一五三二）に断絶した世尊寺家に代わって、朝廷の書役《かきやく》を務めるようになります。その書流は持明院流と呼ばれ、近世にかけて尊ばれました。

基春の子の基規《もとのり》からは、郢曲《えいきょく》も担うようになります。この基規は、しばしば周防を訪れて、中国から九州にかけて勢力を広げた戦国大名大内義隆の庇護を受けました。また天皇と義隆のパイプ役も務めました。しかし天文二十年（一五五一）、義隆が家臣の陶晴賢《すえはるかた》（隆房）に襲われて、九月一日に自害すると（大寧寺《たいねいじ》の変）、二条尹房《ただふさ》らとともに殺害されました。ただし書と郢曲の道は、すでに嫡子の基孝《もとたか》が継承していたため、持明院家は近世以降も内侍所御神楽の所作人を務めていきます。

基規の郢曲の師は、綾小路俊量でした。『群書類従《ぐんしょるいじゅう》』にも収められている『綾小路俊量卿記』には、次のような奥書がみられます（図18参照）。

右の当家（綾小路家）の説は、他人にみせることを禁じているが、郢曲の門弟となったことによって、閲覧を許可したところ、それだけでなく透き写しされたものである。後代にあっては原本を規範とすべきである。

永正十一年六月一日　　按察《あぜ》使俊量（花押）

この本の詳細は、右の奥書にみえる通りである。後代の模範として備えるために、これを臨書《りんしょ》したのである。もっとも王羲之は贋作である。他人にはみせてはならない。

永正十一年夏六月一日　　羽林《うりん》藤基規（花押）

（『綾小路俊量卿記』）

この奥書にも記されるように、基規は綾小路俊量から郢曲を習得しました。奥書の永正十一年（一五一四）の前年、すでに基規は三月八日の内侍所御神楽に奉仕しています（『二水記』同日条）。俊量は、永正十一年九月二十八日に出家しましたので、その直前に伝授を終えたことになります。

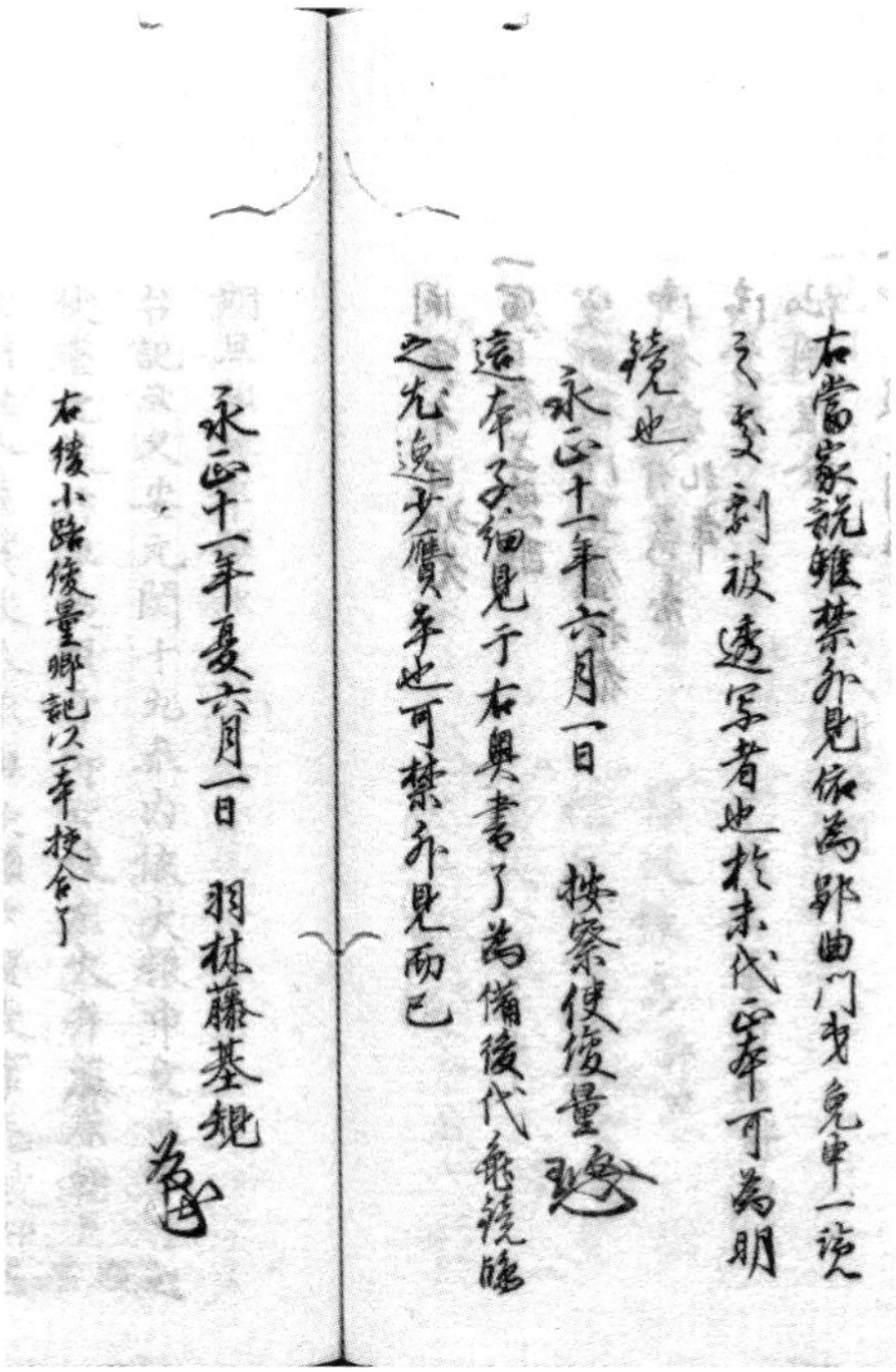

図18　『綾小路俊量卿記』
（内閣文庫蔵、214-0039）

なぜ基規が、俊量から郢曲を習得することになったのかは判りませんが、ここまでみてきた例によると、俊量の引退による所作人の減少を危惧した天皇が、伝授の命を下していたのかもしれません。もっとも、王朝時代以来の常識に従えば、本来家の芸は他家の人間に教えるべきものではありませんでした。

## 御神楽の裾野を広げた綾小路家

芸能の家にとって、芸の継承は財産です。長く続く芸能の家には、秘事・秘説・秘曲などが、口伝《くでん》や楽書などで蓄積されていました。それらは他家に漏れないように厳重に管理され、父子相伝によって子孫に伝えられました。室町時代前期の世阿弥は『風姿花伝《ふうしかでん》』の中で、次のように述べています。

秘する花を知ること。「秘すれば花なり。秘せずば花なるべからず」という文言がある。花となるか、ならないかの違いを知ることが、花の中でも特に重要な花である。そもそもすべての物事、諸道芸において、専門の家々で秘事と申すのは、秘することにおいて偉大な働きがあるからである。したがって、秘事ということを公開すると、大したことでもないものである。これを「そう大したことでもない」という人は、いまだに秘事ということの偉大な働きを知らないためである。（中略）以上の次第により、わが家の秘事として、人に知られないことをもって、生涯の花の持ち主となることを授ける。これが「秘すれば花、秘せぬは花なるべからず」のもっとも深い意味である。

（『風姿花伝』）

芸能の家では、秘事が芸の神髄と考えられていました。まさに「秘すれば花」であったわけです。したがって、よほどの事情がない限り、楽家の者が他家の者に芸を教えることはありませんでした。そのため、もし家が断絶したときは、秘説や秘曲だけでなく、芸能そのものも一緒に途絶えてしまう運命にあったのです。

一方、本書を通してみてきた綾小路有俊・俊量父子は、他家の伝授に難色を示した形跡がありません。むしろ積極的に芸を伝授しているほどです。綾小路家が他家に御神楽を伝授した背景には、実は伝授による礼銭も目的でした。慢性的に窮困した綾小路家は、いわば芸の切り売りによって、当座をしのぎ続けたのです。本来は手に入るはずのない名門綾小路家の芸能が、音楽の家の者でなくても金銭を対価に獲得できるようになりました。公家たちは特に当主から伝受することを望み、また有俊・俊量もその権威を利用して伝授を重ねました。それまで秘することで守られてきた芸能は、売られることで公家社会に拡散し始めたのです。折しも東常縁が宗祇に古今伝授を行い、村田珠光が茶の湯を広めた時期でもありました。日本の芸能文化の歴史でも、綾小路家の活動は画期的な変化でした。

このような師資相承をめぐる変化が、公家社会における御神楽の所作人の裾野を広げることになりました。そして綾小路家断絶後も、四辻家一族や持明院家らによって拍子を継承することを可能にしました。それが結果的に、内侍所御神楽や雅楽が戦国時代も継続する基盤となったのです。

このような動きは、すでに応仁の乱以前から始まっていました。応仁の乱によって一切の朝儀が停止する中にあって、内侍所御神楽がいち早く再開し、戦国時代を通して継続したのは、乱以前より人的基盤が新時代に移行し始めていたからなのです。

# 主要参考文献

## 本書全体に関わる文献

石原比伊呂『北朝の天皇　「室町幕府に翻弄された皇統」の実像』中公新書、令和二年
井原今朝男『室町廷臣社会論』塙書房、平成二十六年
大薮海『列島の戦国史②　応仁・文明の乱と明応の政変』吉川弘文館、令和三年
奥野高廣『戦国時代の宮廷生活』続群書類従完成会、平成十六年
岸泰子「室町後期・戦国期の内侍所」（『近世の禁裏と都市空間』思文閣出版、平成二十六年）
久水俊和・石原比伊呂編『室町・戦国天皇列伝　後醍醐天皇から後陽成天皇まで』戎光祥出版、令和二年
呉座勇一『応仁の乱　戦国時代を生んだ大乱』中公新書、平成二十八年
坂本麻実子「十五世紀の宮廷雅楽と綾小路有俊」（『東洋音楽研究』五十一号、昭和六十二年三月）
坂本麻実子「応仁の乱後の天皇家の雅楽」（『桐朋学園大学研究紀要』二十集、平成六年十二月）
豊永聡美『中世の天皇と音楽』吉川弘文館、平成十八年

豊永聡美『天皇の音楽史　古代・中世の帝王学』吉川弘文館、平成二十九年
中本真人『宮廷御神楽芸能史』新典社、平成二十五年
中本真人『宮廷の御神楽―王朝びとの芸能―』新典社新書、平成二十八年
中本真人『内侍所御神楽と歌謡』武蔵野書院、令和二年
日本史史料研究会監修、神田裕理編『ここまでわかった　戦国時代の天皇と公家衆たち　天皇制度は存亡の危機だったのか？』文学通信、令和二年
秦野裕介『乱世の天皇―観応の擾乱から応仁の乱まで』東京堂出版、令和二年
渡邊大門『戦国の貧乏天皇』柏書房、平成二十四年
渡邊大門編『戦乱と政変の室町時代』柏書房、令和三年

Ⅰ

池和田有紀「伏見宮と綾小路一族　伏見宮旧蔵『梁塵秘抄口伝集』巻十の書写者についての再検討」（松岡心平編『看聞日記と中世文化』森話社、平成二十一年）
田村航「禁闕の変における日野有光」（『日本歴史』七五一号、平成二十二年十二月）

Ⅱ

京都市歴史資料館制作「都市史14　応仁・文明の乱」（ver. 1.02. 2005）

下坂守「応仁の乱と京都―室町幕府の役銭と山門の馬上役の変質をめぐって―」(『中世寺院社会と民衆 衆徒と馬借・神人・河原者』思文閣出版、平成二十六年)

高橋康夫「応仁の乱と都市空間の変容」(『京都中世都市史研究』思文閣出版、昭和五十八年)

永原慶二「応仁・文明の大乱」日本の歴史10『下剋上の時代』中公文庫、昭和四十九年

## Ⅲ

池和田有紀「伏見宮と綾小路一族 伏見宮旧蔵『梁塵秘抄口伝集』巻十の書写者についての再検討」(松岡心平編『看聞日記と中世文化』森話社、平成二十一年)

小川剛生『南北朝の宮廷誌 二条良基の仮名日記』臨川書店、平成十五年

帝国学士院編『帝室制度史』ヘラルド社、昭和十三‐十七年

深津睦夫『光厳天皇―をさまらぬ世のための身ぞうれはしき―』ミネルヴァ書房、平成二十六年

松永和浩「南北朝期公家社会の求心構造と室町幕府」(『室町期公武関係と南北朝内乱』吉川弘文館、平成二十五年)

## Ⅳ

青柳隆志「大永二年綾小路資能筆和歌披講譜をめぐって」(『中世文学』五十三号、平成二十年六月)

今谷明『言継卿記　公家社会と町衆文化の接点』そしえて、昭和五十五年
末柄豊「洞院公数の出家―東山御文庫本『洞院家今出川家相論之事』から―」（田島公編『禁裏・公家文庫研究　第一輯』思文閣出版、平成十五年）

V

井原今朝男「神仏習合と神事優先の相反原理」『史実中世仏教』第二巻、興山舎、平成二十五年
和田英松『皇室御撰之研究』明治書院、昭和八年
明石治郎「室町期禁裏小番―内々小番の成立に関して―」（東北史学会『歴史』七十六輯、平成三年）

VI

池享『戦国・織豊期の武家と天皇』校倉書房、平成十五年
小野恭靖「持明院基規考」『中世歌謡の文学的研究』笠間書院、平成八年
神田裕理『戦国・織豊期の朝廷と公家社会』校倉書房、平成二十三年
酒井信彦「戦国時代における朝廷の文化活動―後土御門天皇在位期の文芸的御会―」（『儀礼文化』三十七号、平成十八年三月）

西村慎太郎「近世公家家職の展開と内侍所神楽」（『歴史評論』七七一号、平成二十六年七月）
林屋辰三郎『中世藝能史の研究』岩波書店、昭和三十五年
A・プラトカニス・E・アロンソン著、社会行動研究会訳『プロパガンダ　広告・政治宣伝のからくりを見抜く』誠信書房、平成十年
本田訓代「後奈良朝期の禁裏小番について」（『学習院史学』三十六号、平成十年三月）
山田貴司「大内氏と朝廷」（大内氏歴史文化研究会編、伊藤幸司責任編集『室町戦国日本の覇者　大内氏の世界をさぐる』勉誠出版、令和元年）

# あとがき

令和二年以来、新型コロナウイルス（COVID–19）感染拡大防止の目的から、全国の年中行事や芸能興行、スポーツイベントが中止や延期になっています。ちょうど南北朝時代から室町時代にかけての朝儀に関心のあった私は、戦乱や窮困によって、旧来の行事ができなかったという例を調査していたところでした。そこで、規模の縮小された葵祭や祇園祭、大阪の天神祭、住吉祭などを訪れて、通例の行事ができなくなることの意味や影響を考えました。さらに、歌舞伎座や国立劇場、文楽劇場などでは、いつ再開されるかも判らない現場の雰囲気を体感しました。そして再開後の劇場公演にも足を運んで、芸能が再開されたときの役者や観客、職員の姿をみつめました。

内侍所御神楽は応仁の乱を乗り越えることができましたが、この時代は多くの朝儀が中絶に追い込まれました。勅撰和歌集の停止や大嘗会・新嘗祭の中絶だけでも、その影響の大きさが理解できます。本書では、いくつかの観点から御神楽が維持された理由を示してきました。おそらく当時の公家たちが王朝時代以来の古いスタイルにこだわっていたら、今日までの継承は難しかったでしょう。先例や伝統の踏襲だけではなく、刻々と変化する環境に適応しながら、常に現実的な対策を取り続けることが、行事や芸能の継承に必要なのだろうと感じます。

本書の構想と執筆にあたっては、新潟大学の学部、大学院の授業のために準備した内容を土台にしています。なぜ室町時代の芸能史は、能楽の話ばかりなのだろうかという疑問から出発して、同時代史料を整理しながら公家社会の芸能文化について考えました。教員個人の関心に終始した講義に対して、感想や疑問を寄せてくれた学生たちに感謝します。当時の状況について、いまのコロナ禍のためによく理解できるというコメントが多かったのも印象的でした。

本書の執筆にあたっては、前著『宮廷の御神楽―王朝びとの芸能―』(新典社新書)と同じく新典社の田代幸子さんのお世話になりました。記して感謝を申し上げます。

令和三年八月三十一日

中本　真人

中本　真人（なかもと　まさと）
1981年5月　奈良県北葛城郡新庄町（現・葛城市）に生まれる
2005年3月　慶應義塾大学文学部人文社会学科国文学専攻卒業
2012年9月　慶應義塾大学大学院文学研究科国文学専攻博士課程修了
学位　博士（文学・慶應義塾大学）
現職　新潟大学人文学部准教授
主著　『宮廷御神楽芸能史』（2013年，新典社）
　　　『宮廷の御神楽―王朝びとの芸能―』（2016年，新典社）
　　　『内侍所御神楽と歌謡』（2020年，武蔵野書院）

なぜ神楽《かぐら》は応仁《おうにん》の乱《らん》を乗《の》り越《こ》えられたのか　新典社選書 109

2021 年 12 月 22 日　初刷発行

著　者　中 本　真 人
発行者　岡 元　学 実

発行所　株式会社　新 典 社

〒111-0041　東京都台東区元浅草2-10-11　吉延ビル4F
ＴＥＬ　03-5246-4244　ＦＡＸ　03-5246-4245
振　替　00170-0-26932

印刷所 惠友印刷㈱　製本所 牧製本印刷㈱


ISBN 978-4-7879-6859-3 C1373
https://shintensha.co.jp/　E-Mail:info@shintensha.co.jp

# 新典社選書

**B6判・並製本・カバー装**　**＊10％税込総額表示**

- ⑱ 三島由紀夫の源流　岡山典弘　一九八〇円
- ⑲ ゴジラ傳《でん》 ―怪獣ゴジラの文藝学―　志水義夫　一八七〇円
- ⑳ 説話の中の僧たち　京都仏教説話研究会　二六四〇円
- ㉑ 古典の叡智 ―老いを愉しむ　小野恭靖　一八七〇円
- ㉒ 『源氏物語』の特殊表現　吉海直人　二四二〇円
- ㉓ これならわかる復文の要領 ―漢文学習の裏技―　古田島洋介　二六四〇円
- ㉔ 明治、このフシギな時代 2　矢内賢二　一一〇〇円
- ㉕ 源氏物語とシェイクスピア ―文学の批評と研究と―　廣田 收・勝山貴之　一八七〇円
- ㉖ 下級貴族たちの王朝時代 ―『新猿楽記』に見るさまざまな生き方　繁田信一　一六五〇円
- ㉗ 新版 宮崎駿の地平 ナウシカからもののけ姫へ　野村幸一郎　一六五〇円
- ㉘ 宮崎駿が描いた少女たち　野村幸一郎　一八七〇円
- ㉙ 向田邦子文学論　向田邦子研究会　三八五〇円
- ㉚ 歌舞伎を知れば日本がわかる　田口章子　一七六〇円
- ㉛ 明治、このフシギな時代 3　矢内賢二　一五四〇円
- ㉜ ゆく河の水に流れて ―人と水が織りなす物語―　山岡敬和　二三一〇円
- ㉝ 『源氏物語』忘れ得ぬ初恋と懸隔の恋 ―朝顔の姫君と夕顔の女君―　小澤洋子　一八七〇円
- ㉞ 文体再見　半沢幹一　二二〇〇円
- ㉟ 続・能のうた ―能楽師が読み解く遊楽の物語―　鈴木啓吾　二九七〇円
- ㊱ 入門 平安文学の読み方　保科 恵　一六五〇円
- ㊲ 百人一首を読み直す2 ―言語遊戯に注目して―　吉海直人　二九一五円
- ㊳ 戦場を発見した作家たち ―石川達三から林芙美子へ　蒲 豊彦　二五八五円
- ㊴ 『建礼門院右京大夫集』の発信と影響　日記文学会中世分科会　二五三〇円
- ㊵ 鳳朗と一茶、その時代 ―近世後期俳諧と地域文化―　金田房子・玉城 司　三〇八〇円
- ㊶ 賀茂保憲女 紫式部の先達　天野紀代子　二二〇〇円
- ㊷ 「宇治」豊饒の文学風土 ―成立と展開に迫る決定七稿―　日本文学風土学会　一八四八円
- ㊸ とびらをあける中国文学 ―日本文化の展望台　高芝・遠藤・山崎・田中・馬場　二五三〇円
- ㊹ 後水尾院時代の和歌　高梨素子　二〇九〇円
- ㊺ 鎌倉武士の和歌 ―雅のシルエットと鮮烈な魂―　菊池威雄　二四二〇円
- ㊻ 古典文学をどう読むのか ―シェイクスピアと源氏物語と―　廣田 收・勝山貴之　二〇九〇円
- ㊼ 東京裁判の思想課題 ―アジアへのまなざし　野村幸一郎　二二〇〇円
- ㊽ 日本の恋歌とクリスマス ―短歌とJ-pop　中村佳文　一八七〇円
- ㊾ なぜ神楽は応仁の乱を乗り越えられたのか　中本真人　一四八五円